MW01705308

Histoire de France des Gaulois à nos jours en 25 fiches

Françoise MARTINETTI

Agrégée d'histoire
Inspecteur de l'Éducation nationale
Académie de Nice

ellipses

Dans la même collection

Catherine Sedel-Lemonnier, *Le Proche et le Moyen-Orient, foyer de conflits. Des années 1890 à nos jours en 60 fiches.*

Alain Quagliarini, *Relations internationales au XXe siècle en 50 fiches.*

ISBN 978-2-7298-7475-9

32, rue Bargue 75740 Paris cedex 15

www.editions-ellipses.fr

Avant-propos

Étymologiquement, le mot *histoire* vient du grec et signifie « enquête ». L'Histoire est « **une connaissance par traces** », les traces étant les sources et les documents de toute nature (documents écrits, monuments, images, témoignages oraux). Lucien Febvre définit ainsi l'Histoire : « L'Histoire se fait avec des documents écrits sans doute [...] mais elle peut se faire, elle doit se faire sans documents écrits s'il n'en existe point [...] Donc avec des mots, des signes. Des paysages, des tuiles. Des formes de champs et de mauvaises herbes. Des éclipses de lune et des colliers d'attelage [...] d'un mot, avec tout ce qui, étant à l'homme, dépend de l'homme, sert l'homme, exprime l'homme, signifie la présence, l'activité, les goûts et les façons d'être de l'homme » (Febvre, 1953).

Mais l'Histoire n'est pas seulement une restitution du passé c'est aussi **une manière de questionner le passé des hommes et des sociétés et une méthode scientifique**. L'Histoire devient alors une « histoire-problème » qui interroge le passé et remet constamment en question ses propres postulats et méthodes.

Est-il possible aujourd'hui de raconter l'histoire de France ? Dans un ouvrage récent (2011), Dominique Borne précise qu'il y a plusieurs histoires de France : « la première est tout imprégnée de la gloire des rois, elle raconte le destin providentiel d'un royaume aimé de Dieu et construit à la pointe de l'épée. La seconde s'attache à l'émergence de la nation, célèbre la Révolution et installe la République au terme de ce parcours historique ».

Cette « **Histoire de France en fiches** » tient compte des deux grands récits traditionnels évoqués par Dominique Borne mais s'efforce aussi de construire une histoire de France pour aujourd'hui, en articulant les espaces où l'on vit (la France, l'Europe) et la mesure du temps écoulé. Elle s'inscrit dans les périodes historiques identifiées traditionnellement par les historiens comme étant celles de l'Europe occidentale.

L'Antiquité qui, pour la France, commence avec la fondation de Massalia par les Grecs vers 600 av. J.-C. et se termine en 476 avec la fin de l'Empire romain d'Occident.

Le Moyen Âge qui commence avec la constitution du royaume franc au temps de Clovis et se termine à la fin du XVe siècle en 1492 lorsque Christophe Colomb arrive en Amérique.

Les Temps modernes qui commencent avec la Renaissance et l'humanisme et se terminent en 1789 avec la Révolution française.

L'époque contemporaine que l'on divise en **deux moments** : la Révolution de 1789 et le XIXe siècle, et le XXe siècle et notre époque.

Cette histoire s'appuie sur les **repères** indispensables (événements, personnages) mais aussi sur un **vocabulaire spécifique** qui doivent permettre à chacun de mieux se situer dans le monde où il vit et de mieux le comprendre.

Partie 1

Des Gaulois aux Gallo-Romains (Ier siècle av. J.-C.-Ve siècle apr. J.-C.)

problématique

En quoi la civilisation des Gaulois est-elle constitutive de l'histoire de France ? Comment la romanisation de la Gaule et sa christianisation s'accomplissent-elles ?

événements et dates-clés

Vers – 600	Fondation de Massalia par les Grecs venus d'Asie Mineure
Vers – 450	Installation des Celtes en Gaule
De 125 av. J.-C. à 121	Conquête de la Gaule du Sud par les Romains
De – 58 à – 52	Conquête de la Gaule par Jules César
– 52	Défaite de Vercingétorix à Alésia et conquête de la Gaule par les Romains
– 6 ou en – 4	Naissance de Jésus-Christ, qui meurt autour de 30
de – 27 à + 14	Règne d'Auguste
vers 28-30	Prédication de Jésus
vers 38	Conversion de Paul
48	Le droit de cité est accordé aux magistrats gaulois par l'empereur romain Claude
64	Martyre à Rome à la suite de l'incendie de la ville (parmi eux, Pierre et Paul)
70	Destruction du temple juif de Jérusalem par les Romains, à la suite d'une révolte : il ne reste que le mur des Lamentations
177	Martyre des chrétiens de Lyon
212	Le droit de cité est accordé à tous les hommes libres de l'Empire par l'empereur romain Caracalla (texte connu sous le nom de « édit de Caracalla »)
303-304	Dernière grande persécution contre les chrétiens
313	Édit de Milan reconnaissant le christianisme
325	Concile de Nicée, définissant le dogme chrétien convoqué et présidé par Constantin
391	Lois de Théodose contre le paganisme : le culte public païen est interdit, les temples sont fermés ou détruits. Le christianisme est devenu religion d'État.
476	Fin de l'Empire romain d'Occident

mots-clés

Druide : prêtre et savant dans la religion gauloise.

Oppidum : espace fortifié où l'on se réfugie en cas de danger. L'oppidum est aussi un centre artisanal et commercial.

Forum : place centrale d'une ville.

Thermes : bâtiment abritant des bains.

Aqueduc : canalisation conduisant l'eau d'un point à un autre.

Amphithéâtre : édifice circulaire ou plus allongé servant aux jeux et aux combats de gladiateurs.

Culte impérial : culte rendu à Rome et à l'empereur romain Auguste.

Polythéisme : religion où l'on honore plusieurs dieux.

Villa : ferme (bâtiments et terres) d'époque gallo-romaine.

Messie : envoyé de Dieu.

Monothéisme : religion où l'on honore un dieu unique.

Église : assemblée des chrétiens mais aussi lieu de culte.

Évêque : chef d'une église locale.

Concile : réunion de tous les évêques pour traiter des affaires de l'Église.

Persécution : poursuite et parfois exécution d'une personne ou d'un groupe pour ses idées ou son appartenance religieuse.

Les Gaulois

Avant de s'appeler la France, notre territoire s'appelait la Gaule. Il était peuplé par différents peuples, majoritairement les Celtes que les auteurs latins, vers le milieu du IIIe siècle av. J.-C., vont appeler *Galli* (**Gaulois**), sans doute en raison du nom de leur animal fétiche *gallus* (coq) en latin.

Les Celtes appartiennent au groupe linguistique indo-européen auquel sont rattachés les Grecs et les Latins. Sous la pression des peuples germaniques, également indo-européens, ils envahissent **la Gaule** (essentiellement le Nord-Est) par vagues successives entre le Xe siècle et le Ve siècle av. J.-C. Après l'avoir conquise, comme ils ne constituent pas la majorité de la population, ils doivent imposer leur langue et leur civilisation aux peuples plus anciens.

1. Une organisation en tribus

L'installation des Celtes sur notre territoire correspond à la civilisation du premier âge du fer (vers 800 av. J.-C.). Au Ier siècle av. J.-C., la Gaule indépendante, qui s'étend de l'Atlantique au lac Léman, est la plus riche et la plus vaste de toutes les terres celtiques. Nous la connaissons surtout grâce à **César** qui, dans *La Guerre des Gaules*, en fait une présentation précise, et grâce également aux très beaux objets retrouvés dans les tombes et dans les *oppida*. Pays prospère et ouvert aux influences extérieures mais sans unité politique, **la Gaule est divisée en de nombreuses tribus, souvent rivales**.

Document 1. La Gaule avant la conquête de Jules César

La société gauloise est dominée par une aristocratie guerrière. **Les nobles,** grands propriétaires détenant la majeure partie des terres, exercent le pouvoir politique et militaire. Les nobles sont entourés de « clients », qui sont des hommes libres, parfois même des tribus entières qui se mettent à leur service.

info en +

Oppida (*oppidum* au singulier) : buttes fortifiées à fonction de défense et d'habitation.
Une tribu est une principauté princière au sein de laquelle l'aristocratie est parfois très riche.

César distingue trois groupes « qui diffèrent par leur langue, les usages, les lois » : **les Belges**, **les Aquitains**, **les « Celtes » ou « Gaulois »** qui sont notamment les Arvernes, les Éduens, les Bituriges et les Helvètes. Tous ces peuples se jalousent les uns les autres et se disputent l'hégémonie**. César utilise ces rivalités**.

2. Une religion polythéiste

La religion est l'affaire des **druides** qui président les cérémonies religieuses, rendent la justice et instruisent la jeunesse. Ils dominent la société gauloise car ils sont les principaux médiateurs entre les hommes et les dieux et ont un savoir très étendu. **Les Gaulois rendent un culte aux différentes composantes de la nature** comme les sources, les fleuves, les forêts ou les montagnes et, de manière générale, aux forces naturelles auxquelles ils attribuent un pouvoir. Les plus anciennes traces de culte se situent dans la Gaule méridionale. **Les Gaulois possèdent de nombreuses divinités** comme **Teutatès** ou **Toutatis**, dieu de la tribu, **Ésus**, dieu de la terre, et **Taranis**, dieu du ciel.

3. Une civilisation brillante

Au moment de la conquête romaine, la Gaule celtique connaît une civilisation brillante qui explique très largement l'intérêt que les Romains ont pu trouver à se lancer dans sa conquête.

Une agriculture prospère

L'agriculture repose sur **le blé**, qui constitue la première ressource, l'avoine, l'orge, l'avoine, le millet et l'élevage des **porcs, moutons et bovins.** L'habitat rural est très varié : des fermes isolées, des hameaux dispersés pou des villages aux activités diversifiées.

Des artisans réputés

Les Gaulois sont très habiles au **travail du fer.** Ils inventent des outils en fer comme la bêche ou la faux, le fer à cheval à clous et le cerclage des roues sans clous. Ils excellent aussi dans **le travail du bois**, qui est le matériau le plus courant. Ils inventent le **tonneau**, plus commode que l'amphore pour transporter le vin. Les potiers sont aussi très renommés et, grâce à l'utilisation du four, répandu en Gaule depuis la fin du IIIe siècle, ils façonnent des céramiques très fines, des objets en verre, de très beaux bijoux (torques – collier en métal précieux –, bracelets) et des armes (poignards).

Un commerce actif

Dès le VIIe siècle, les Gaulois entretiennent des relations avec les peuples qui vivent sur le bassin méditerranéen. La fondation de *Massalia* (Marseille), vers 600 av. J.-C., par les Grecs accélère et développe ces échanges qui se font surtout avec l'Italie et l'Espagne (Importation de vin et d'huile, exportation de métaux précieux, de blé livré en vrac, d'esclaves, de bétail, de fourrures). Le nombre des monnaies en plomb, en argent et en or gravées de motifs humains (comme le visage de Vercingétorix), animaliers (chevaux au corps stymisé ou sangliers) ou abstraits retrouvés dans les fouilles notamment à Alésia, témoignent de l'importance de ces échanges.

La romanisation de la Gaule 2

1. Les étapes de la conquête romaine

La conquête de la Gaule s'effectue en trois étapes :

- **La première étape se situe à la fin du IIe siècle av. J.-C.** (de 125 à 117). Les Romains ont vaincu les Carthaginois en 146 av. J.-C. et cette victoire a rendu nécessaire le contrôle des routes entre Rome et les provinces ibériques. Ils conquièrent le sud de la Gaule et y créent une province dont la capitale est Narbonne et qui s'appellera **la Narbonnaise** sous Auguste.
- **La deuxième étape de la conquête** est assurée par **Jules César** au Ier siècle av. J.-C. (de 58 à 52). Prétextant une demande émanant des Eduens qui se disent menacés par les Helvètes, César, alors proconsul de la Gaule cisalpine (c'est-à-dire le nord de l'Italie actuelle par opposition à la Gaule transalpine située en France actuelle), intervient en Gaule. Il conquiert la majeure partie de la Gaule lors d'une guerre qu'il raconte lui-même dans *La Guerre des Gaules* et qui se termine par **la reddition de Vercingétorix devant Alésia en 52 av. J.-C.**
- **En 7-6 av. J.-C.,** sous le règne de l'empereur Auguste, les peuples ligures des régions alpestres se soumettent. Cette victoire est symbolisée par la construction du trophée d'Auguste à La Turbie, dans les Alpes-Maritimes.

Document 1. Jules César et Vercingétorix

Repêché en 2007 dans le Rhône, à Arles, ville fondée par César en 46 av. J.-C., ce buste réalisé de son vivant a été authentifié grâce à celui qui se trouve actuellement au musée archéologique de Turin, le seul jusqu'à 2007 à avoir été réalisé du vivant de César.

Buste de Jules César
Ier siècle av. J.-C.

Jules César (101-44 av. J.-C.) est sans doute le Romain le plus connu du grand public. Issu d'une vieille famille patricienne (c'est-à-dire noble par opposition à la plèbe, le peuple) illustre mais pauvre, ***les Julia,*** il connaît une ascension rapide. Après avoir révélé ses talents de général en Espagne, il devient proconsul de la Gaule cisalpine et reçoit du Sénat un pouvoir extraordinaire pour 5 ans afin de pacifier la Gaule. **La conquête de la Gaule** de 58 à 52 av. J.-C. dont il fait le récit dans *La Guerre des Gaules* et sa victoire à Alésia en 52 av. J.-C., contre Vercingétorix, chef gaulois, assurent sa gloire et lui permettent de s'opposer au Sénat.

De 49 à 44 av. J.-C., revenu à Rome, César s'impose comme l'unique gouverneur de Rome et se proclame dictateur à vie. Il conçoit d'importantes réformes qui préparent le régime impérial mais qui lui valent de solides inimitiés. Soupçonné de vouloir rétablir la royauté, il est assassiné à coups de poignard aux ides de mars (le 15 mars) en 44 av. J.-C. par une conjuration à laquelle participe son fils adoptif Brutus.

Monnaie gauloise représentant Vercingétorix

Document 2. 52 av. J.-C. Reconstitution du siège d'Alésia

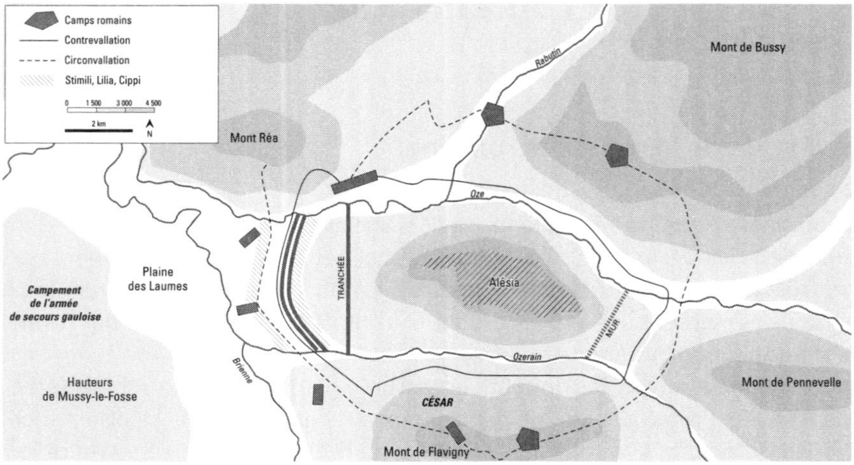

Document 3. *Vercingétorix jette ses armes aux pieds de César*, tableau Lionel Royer, XIXe siècle, 1899

info en +

Pourquoi 52 av. J.-C. est-elle une date importante dans l'histoire de la France ?

Dès l'Antiquité, la bataille d'Alésia et la rencontre entre Vercingétorix et César a fait débat. En effet, nous possédons deux versions de cette rencontre, l'une de César dans *la Guerre des Gaules* et l'autre de Plutarque dans la *Vie de César*.

Dans l'histoire de France, Vercingétorix est resté pendant longtemps un héros méconnu, voire oublié. Le chef gaulois est redécouvert à la fin du XIXe pour des raisons liées au contexte politique de l'époque. En 1870, la France vient d'être écrasée par la Prusse. Elle a subi les humiliations de la défaite, de l'occupation du pays et de l'annexion de l'Alsace-Lorraine par l'Allemagne. Dans ce contexte, la propagande officielle est à la recherche de héros montrant qu'on peut être « grand » dans la défaite. Par la suite, l'école républicaine contribue à en faire un héros national. Enfin, les Gaulois font aujourd'hui partie de notre mémoire. Selon des historiens comme Pierre Nora, les Gaulois sont « un lieu de mémoire central et originaire de la nation France ».

La date de 52 av. J.-C. représente la défaite des Gaulois conduits par Vercingétorix devant les Romains à Alésia. Mais, même s'il s'agit d'une défaite, elle est importante dans l'histoire de France car elle montre comment les Gaulois ont pu se rassembler autour d'un chef, Vercingétorix. Elle entraîne l'extension de la romanisation à l'ensemble de la Gaule et elle participe, à partir de la fin du XIXe siècle, à la construction de la nation.

2. Les vecteurs de la romanisation

Après la conquête de la Gaule par César, entre 58 et 52 av. J.-C., les habitants sont soumis à un lourd tribut, mais choisissent néanmoins rapidement de vivre à la romaine et de parler le latin. La romanisation de la Gaule, c'est-à-dire le processus par lequel les populations de la Gaule se sont intégrées à l'Empire romain sur le plan linguistique, religieux et politique mais aussi sur le plan du mode de vie, se fait par l'octroi de la citoyenneté romaine aux Gaulois, par la fondation et le développement de villes, par la création d'un réseau de routes, par la diffusion du culte impérial après le règne d'Auguste (27 av. J.-C.-14 apr. J.-C.) et grâce à une organisation territoriale.

L'accès à la citoyenneté romaine

La citoyenneté romaine qui confère aux personnes qui en sont détentrices un statut juridique supérieur (comme celui de voter, d'être élu à Rome, de participer à des sacerdoces, de posséder, de vendre, de faire un testament, de contracter un mariage légitime) est d'abord réservée à quelques privilégiés, mais son accès est ouvert.

On peut **devenir citoyen romain** en servant dans l'armée, en effectuant vingt-cinq ans de bons et loyaux services, par filiation, par affranchissement si le maître est lui-même citoyen romain, ou encore par décision de l'empereur. Pour les habitants de l'Empire romain, **l'accession à la citoyenneté est un honneur**. Elle est aussi une condition indispensable pour gravir les échelons de la société. Enfin, pour Rome, l'octroi de la citoyenneté est un moyen de s'assurer la fidélité des cités conquises.

La citoyenneté romaine est octroyée aux habitants de l'Empire en différentes étapes : en 89 av. J.-C., le droit de cité est accordé aux Italiens ; en 48 aux premiers magistrats gaulois par l'empereur Claude ; en 130 aux magistrats des villes de l'Empire ; **en 212 aux hommes libres de l'Empire par Caracalla**. Cet édit achève un long processus qui a contribué à intégrer dans l'État romain des cultures et des peuples différents.

info en +

La mesure prise par Claude en 48, qui permet aux magistrats gaulois de devenir sénateurs, ouvre la voie à une romanisation totale.
Claude et Caracalla sont des empereurs romains tous deux nés à Lyon.

Document 4. Discours de l'empereur Claude au Sénat, 48 apr. J.-C. (extrait)

« Sans se laisser toucher par ces raisons et d'autres du même genre, l'empereur en prit aussitôt le contre-pied et, après avoir convoqué le Sénat, parla en ces termes : « Mes ancêtres, dont le plus ancien, Clausus, d'origine sabine, fut admis simultanément au droit de cité romaine et au patriciat, m'encouragent à adopter la même politique, en transportant ici tout ce qui sera trouvé de remarquable ailleurs.

Qu'est-ce qui a causé la perte des Lacédémoniens et des Athéniens, malgré leur valeur militaire, sinon leur habitude d'écarter les vaincus comme les étrangers ? Notre fondateur Romulus a eu assez de sagesse pour avoir eu le même jour nombre de peuples d'abord ennemis et ensuite concitoyens. Des étrangers ont régné sur nous. Confier des magistratures à des fils d'affranchis n'est pas, comme la plupart le croient à tort, une innovation, mais une pratique fréquente de l'ancien régime populaire [...]

[...] Il n'en est aucune qui ait été liquidée en moins de temps que celle que nous avons faite aux Gaulois. Depuis lors, la paix a été continue et confiante. Désormais mêlés aux nôtres par les mœurs, les métiers, les alliances, qu'ils nous infusent leur or et leurs richesses au lieu de les posséder séparément ! Sénateurs, tout usage qui est aujourd'hui considéré comme remontant à la plus haute Antiquité a été nouveau un jour : les plébéiens sont devenus des magistrats après les patriciens, les Latins après les plébéiens, les autres peuples d'Italie après les Latins. Notre mesure d'aujourd'hui vieillira elle aussi, et ce que nous défendons à présent par des exemples servira d'exemple à son tour. »

Tacite (55-120) Annales.

La fondation et le développement de villes

Vers 50 de notre ère, la Gaule comprend **un tissu urbain dense**, formé de villes aux statuts juridiques divers. Les villes, les *cités* sont créées par les Romains dans un but stratégique et économique sur l'emplacement de cités gauloises existantes ou sur le réseau d'axes de communication réorganisé par Auguste à partir de Lyon. Les *cités*, sous des régimes juridiques différents, diffusent **un mode d'organisation civique et de vie urbaine** dans lequel les **élites locales** vivent en ville, gouvernent la ville, embellissent la ville et témoignent de leur loyauté à Rome et à l'empereur par l'impôt et le culte impérial. Les aristocrates locaux s'appuient sur **la culture romaine** (noms romains, fonctions dans les curies municipales sur le modèle du sénat, constructions, prêtrises, jeux et spectacles, théâtres et amphithéâtres). Symboles de la romanisation, les villes sont aussi les signes de la prospérité de la Gaule romaine. Dans une ville gallo-romaine, on trouve toujours les mêmes édifices, car les villes sont construites à l'image de Rome, la *Ville* par excellence. Par conséquent, concernant les villes, la romanisation n'est pas la diffusion d'un type de plan de ville universel mais celui d'un modèle civique et urbanistique.

Lyon est un bon exemple de la romanisation de la Gaule. Capitale des Trois Gaules, elle est une plaque tournante des échanges. Administrée par un Sénat et par des magistrats locaux, elle compte environ 40 000 habitants au IIe siècle apr. J.-C. et possède des monuments prestigieux comme un théâtre, un cirque et un temple où se réunissent chaque année les délégués des soixante cités de la Gaule.

info en +

Le cadre architectural de la ville romaine

Dans une ville gallo-romaine, on retrouve la logique du plan quadrillé dont les rues se croisent à angle droit autour du ***cardo*** (axe nord-sud) et du ***decumanus*** (axe est-ouest). Au croisement de ces deux axes se trouve **le forum**, grande place publique où s'élèvent des bâtiments commerciaux, politiques comme la Curie et la basilique et religieux destinés notamment au culte impérial. **La Curie** abrite l'assemblée locale composée de magistrats appartenant aux élites gauloises qui ont pour mission la gestion de la cité. La plupart des villes comptent des **thermes**, lieux de sociabilité, de détente et de loisirs, des édifices dédiés aux spectacles (**théâtres**, amphithéâtres, odéons, cirques), **un arc de triomphe** érigé en l'honneur des empereurs pour célébrer leurs faits d'armes (comme à Orange et à Glanum). Un certain nombre de villes gallo-romaines obtiennent des empereurs le privilège de construire une enceinte ayant pour but de regrouper les fonctions urbaines

Les **bâtiments d'habitation** comprennent **les *insulae***, immeubles de plusieurs étages, sans confort où vivent les personnes les plus pauvres et des ***domus***, de grandes maisons construites autour d'une cour intérieure, *l'**atrium*** où vivent les citadins les plus aisés accompagnés de leurs familles et de leurs esclaves.

La mise en place d'un réseau de communications

Les Romains bâtissent des routes et des ponts pour faciliter le déplacement des armées et animer la vie économique. **Le réseau de voies romaines** est dense en Narbonnaise à cause de l'ancienneté de la conquête, en Gaule Belgique pour des raisons stratégiques, et autour de Lyon, capitale des Gaules. Tous les milles (environ 1 500 m), on place une **borne milliaire** (une borne routière qui a la forme d'un cylindre de pierre de 2 m de haut) et des gîtes d'étapes sont installés pour la poste impériale, le transport de troupes ou les voyageurs. Pour construire les routes, les Romains utilisent des matériaux locaux : pierre, argile, sable, galets, cailloux.

DOCUMENT 5. LA MAISON CARRÉE DE NÎMES. UN TEMPLE ROMAIN CONSTRUIT SUR LE FORUM ENTRE 20 ET 12 AV. J.-C.

Le culte impérial

L'intégration à la culture latine se fait aussi par **le syncrétisme religieux** (c'est-à-dire la fusion de deux éléments religieux, ici les dieux gaulois et romains) et **le culte impérial** c'est-à-dire le culte rendu au génie de l'empereur et aux empereurs morts et divinisés. Tous les citoyens doivent y participer quelle que soit leur religion. La Maison carrée de Nîmes est des lieux les plus connus du culte impérial.

3. L'organisation de la Gaule romaine

À partir de César et d'Auguste, la Gaule est divisée en **provinces** administrées par des gouverneurs romains. La Narbonnaise, première colonie romaine, devient province sénatoriale, c'est-à-dire qu'elle est soumise à l'autorité du Sénat romain, ce dernier étant lui-même dirigé par un proconsul. La Gaule chevelue, qui avait combattu César, est divisée en trois provinces impériales, **les Trois Gaules** : la Lyonnaise, ou Celtique, l'Aquitaine et la Belgique. Au Ier siècle, elles dépendent d'un gouverneur établi à Lyon, souvent membre de la famille impériale.

4. La civilisation gallo-romaine

Au IIe siècle, la Gaule romaine connaît une période de paix et de prospérité, la *pax romana* (paix romaine). Les villes, où les Gaulois vivent à la romaine, les voies romaines, la diffusion du culte impérial, l'utilisation du latin donnent naissance à une nouvelle civilisation, issue de la fusion d'éléments gaulois et romains : **la civilisation gallo-romaine**.

L'expression « civilisation gallo-romaine » montre bien la spécificité de la romanisation de la Gaule par rapport aux autres pays conquis par Rome : les Romains empruntent aux Gaulois leurs inventions dans l'artisanat et dans l'agriculture et les Gaulois adoptent le mode de vie que leur proposent les Romains, la langue, l'administration des villes. **L'art gallo-romain**, notamment la poterie et les bijoux, révèle la richesse et la prospérité de cette civilisation.

DOCUMENT 6. LA GAULLE ROMAINE À LA FIN DU IIe SIÈCLE

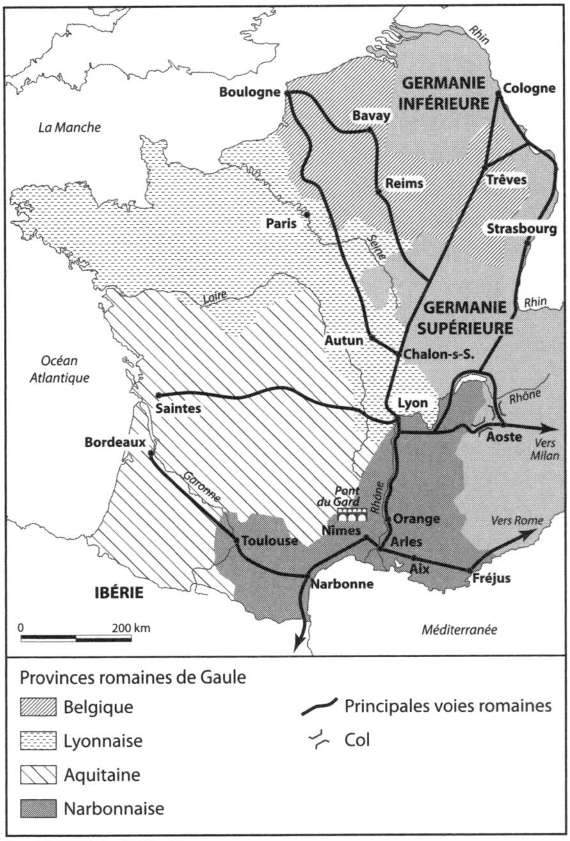

5. Les limites de la romanisation

Toutefois, la romanisation **a ses limites**. Sa diffusion a touché davantage les villes que les campagnes, et plus le sud et l'est de la Gaule. Elle a concerné essentiellement certains secteurs comme l'armée, où l'on utilise le latin, l'administration, les équipements publics et les spectacles. Mais, elle entraîne l'adhésion spontanée et volontaire à la civilisation romaine des élites dans un premier temps, puis d'une grande partie de la population, Elle marque de manière importante notre culture et notre patrimoine aujourd'hui, elle est donc un élément essentiel de notre histoire.

La christianisation du monde gallo-romain

3

La christianisation de la Gaule, qui débute vers la fin du IIe siècle et devient effective dans la majeure partie du territoire au cours du IVe siècle constitue, au même titre que la romanisation, **un des fondements de notre histoire et de notre culture**. Cette situation est le résultat de deux phénomènes : la croyance dans le message de Jésus et l'organisation de la nouvelle religion par Paul de Tarse, le futur saint Paul.

info en +

Qu'est-ce que le christianisme ?

Le christianisme est né en Palestine, à l'époque province romaine, dans le milieu juif. Il émane de la prédication de Jésus, qui a vécu à l'époque d'Auguste et a été crucifié sur l'ordre des Romains, probablement en 30. La vie de Jésus est connue par les Évangiles, écrits dans les années qui suivirent sa mort à partir de témoignages. Les disciples de Jésus affirment l'avoir vu vivant après sa mort, preuve qu'il est bien le Messie (qui se dit Christ en grec), annoncé par les prophètes juifs et envoyé par Dieu. Le christianisme est une religion d'amour des autres et de fraternité universelle. C'est sa vocation à l'universalité qui en fait le succès et explique son triomphe.

1. Le message de Jésus et l'organisation de la nouvelle religion

NB : il ne s'agit pas de traiter du christianisme (histoire des religions) mais d'étudier comment le christianisme a été introduit en Gaule et comment il s'y est diffusé (histoire du fait religieux).

Le message de Jésus

Né à Bethléem sous l'empereur Auguste, Jésus passe sa jeunesse à Nazareth et, vers l'âge de trente ans, parcourt la Palestine, province romaine où vivent les Hébreux qui attendent la venue d'un Messie. Il répand le message de Dieu, qu'il appelle « la Bonne nouvelle » ou « Évangile ». C'est un message d'amour : Dieu aime tous les hommes comme ses fils et ces derniers doivent aimer Dieu et s'aimer comme des frères. Jésus entraîne derrière lui des hommes et des femmes pour qui il est le Christ, fils de Dieu et Dieu lui-même.

L'organisation de la nouvelle religion

Issue du judaïsme, la nouvelle religion s'en éloigne en fonction des circonstances. C'est la chute du Temple, la disparition de « l'Église de Jérusalem » et la reconstruction du judaïsme autour de la synagogue et du rabbinat qui séparent définitivement les chemins du judaïsme et du christianisme. La nouvelle religion se développe dans le contexte culturel et politique du monde gréco-romain et s'y étend car elle s'adapte.

Toutefois, l'organisation de la nouvelle religion est due en grande partie à Paul de Tarse qui est, de toutes les figures de l'histoire chrétienne, la mieux connue grâce aux Actes des Apôtres et aux Épîtres. Originaire de la ville de Tarse en Cilicie (dans l'actuelle Turquie), Juif appartenant à la diaspora et citoyen romain, parlant et écrivant le grec, il n'a pas connu Jésus mais est bouleversé par la vision qu'il a, sur le chemin de Damas, du Christ ressuscité. Il se convertit au christianisme en 38 et entreprend de nombreux voyages sur tout le pourtour méditerranéen, où **il crée des communautés chrétiennes** pour répandre le message de Jésus auprès des non-Juifs. Il meurt à Rome, décapité, sans doute vers 67. Paul est celui par qui le christianisme sort du milieu juif palestinien et pénètre le monde romain. Son apport au christianisme est déterminant.

2. La diffusion du christianisme dans le monde gallo-romain

En Gaule, le christianisme est un **phénomène essentiellement urbain** et concerne essentiellement les villes situées sur les grands axes fluviaux comme la vallée du Rhône où sa diffusion est facilitée par la présence de marchands orientaux. La plus ancienne mention sûre concerne la communauté de Lyon dont le martyre nous a été transmis par Eusèbe de Césarée. Une lettre écrite par les chrétiens de Lyon à leurs frères d'Asie et de Phrygie (partie occidentale de l'actuelle Turquie) évoque les quarante-huit chrétiens arrêtés et exécutés en 177 (dont Blandine, une jeune servante) dans l'amphithéâtre des Trois Gaules (actuel quartier de la Croix-Rousse).

Malgré les persécutions, le christianisme se diffuse surtout au cours du IIIe siècle, où il touche toutes les catégories sociales. Au début du IVe siècle, la politique de l'empereur Constantin, qui affirme par l'édit de Milan en 313 la liberté de culte, favorise la christianisation. En 325, le **concile de Nicée**, convoqué et présidé par Constantin, fixe le dogme du christianisme. Enfin, l'édit de Théodose en 391 qui interdit les cultes païens et par lequel le christianisme devient religion officielle conduit à la christianisation de toute la Gaule et notamment des campagnes. Les monastères, en devenant des centres d'évangélisation jouent un rôle essentiel. Le premier monastère est fondé par **saint Martin** à Ligugé, près de Tours, en 361.

DOCUMENT 1 (A). SAINT MARTIN DE TOURS PARTAGEANT SON MANTEAU

D'abord officier dans l'armée romaine, saint Martin (316-397) se convertit au christianisme, devient évêque de Tours et se consacre à la christianisation des campagnes. Son tombeau est, au Moyen Âge, le centre d'un important pèlerinage.

DOCUMENT 1 (B). SAINT MARTIN PARTAGE SON MANTEAU

C'est ainsi qu'un jour où il n'avait sur lui que ses armes et un simple manteau de soldat, au milieu d'un hiver qui sévissait plus rigoureusement que de coutume, à tel point que bien des gens succombaient à la violence du gel, il rencontre à la porte de la cité d'Amiens un pauvre nu : ce misérable avait beau supplier les passants d'avoir pitié de sa misère, ils passaient tous leur chemin. L'homme rempli de Dieu comprit donc que ce pauvre lui était réservé, puisque les autres ne lui accordaient aucune pitié. Mais que faire ? Il n'avait rien que la chlamyde dont il était habillé : il avait en effet déjà sacrifié tout le reste pour une bonne œuvre semblable. Aussi, saisissant l'arme qu'il portait à la ceinture, il partage sa **chlamyde** (pièce de laine servant de manteau) en deux, en donne un morceau au pauvre et se rhabille avec le reste. Sur ces entrefaites, quelques-uns des assistants se mirent à rire, car on lui trouvait piètre allure avec son habit mutilé. Mais beaucoup, qui raisonnaient plus sainement, regrettèrent très profondément de n'avoir rien fait de tel, alors que justement, plus riches que lui, ils auraient pu habiller le pauvre sans se réduire eux-mêmes à la nudité.

Sulpice Sévère, *Vie de saint Martin*, 3, 1-2, trad. J. Fontaine, Paris, Le Cerf, 1967, p. 257-259

3. La Gaule chrétienne à la fin de l'Antiquité

Avec la naissance de l'Empire chrétien, son statut nouveau de religion du pouvoir installe l'Église dans le cadre institutionnel de l'Empire romain. L'Église est la seule organisation née pendant l'Antiquité à rester en place lorsqu'à la suite des invasions barbares, l'Empire romain s'effondre (cf. partie 2). Cette situation explique son importance et sa puissance tout au long du Moyen Âge.

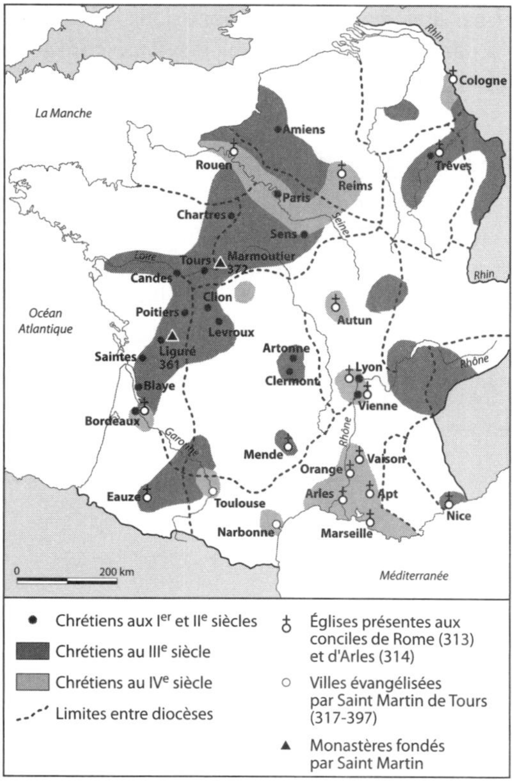

DOCUMENT 2. LA GAULE CHRÉTIENNE

L'organisation de l'Église chrétienne

Aux IVe et Ve siècles, le christianisme s'organise en se calquant sur le cadre politique existant : chaque chef-lieu d'une cité devient le siège d'un évêché. Élu par le clergé et les élites des cités, l'évêque est maître de son Église, de l'administration des sacrements et responsable de la prédication. Assistés de prêtres et des diacres, les évêques se réunissent en conciles pour harmoniser leurs pratiques. Puis, des paroisses dotées d'une église et d'un prêtre se mettent en place, un évêque prenant sous son autorité plusieurs paroisses. En 344, au concile de Cologne, on dénombre 70 évêchés en Gaule.

Info en +

> Du grec *Ecclesia* qui signifie « assemblée », le mot « église » désigne le bâtiment mais aussi, avec une majuscule, l'ensemble des chrétiens ou bien l'institution.

L'évolution des pratiques religieuses

Avant qu'il ne devienne officiel, le christianisme se pratiquait de façon clandestine chez des particuliers ou dans des catacombes. À partir de sa reconnaissance, on aménage des bâtiments existants ou on construit des basiliques pour servir de lieux de réunion aux fidèles.

Les deux sacrements principaux sont **le baptême** qui est uniquement conféré à des adultes et symbolise le partage du vin et du pain considérés comme le corps et le sang du Christ.

Des pratiques funéraires nouvelles se mettent peu à peu en place liées à une manière différente de réfléchir sur la mort. On passe de la pratique de l'incinération chez les Gaulois et les Romains (où les cendres étaient conservées dans des urnes funéraires) à la **pratique de l'inhumation** à partir du IIIe siècle dans des lieux consacrés situés près d'une basilique, d'un lieu de culte rural ou à proximité d'une cathédrale.

4. Les héritages de Rome et du christianisme

Nous sommes pour une large part, les héritiers de la civilisation gallo-romaine. Cet héritage est visible de nos jours dans les vestiges architecturaux comme les édifices bâtis par les Romains (théâtres, arènes) et les voies romaines, les pratiques sociales comme les conseils municipaux, les institutions comme l'Église, des éléments de notre vie quotidienne comme les jours et les mois de notre calendrier.

info en +

> Le nom du mois de « juillet » vient de *Julius Caesar*, celui du mois d'août (*augustus*) de l'empereur Auguste.

Partie 2

Du royaume franc au royaume de France (fin du Ve siècle-fin du XVe siècle)

problématique

Qui sont les Francs ? Qu'est-ce que l'Empire carolingien ? Comment la société médiévale est-elle organisée ? Quel rôle joue l'Église ? Quels sont les fondements du pouvoir des premiers rois Capétiens ? Comment les « grands Capétiens » font-ils du royaume de France un État moderne ?

événements et dates-clés

476	Déposition du dernier empereur romain
481-511	Règne de Clovis
496 (?)	Baptême de Clovis
732	Charles Martel arrête les Arabes à Poitiers
742-814	Règne de Charlemagne
800	Couronnement de Charlemagne
842	Serments de Strasbourg
843	Traité de Verdun
987	Hugues Capet, roi de France
XIe siècle	Réforme de Cluny
1118	Fondation de l'abbaye de Fontenay
1023	Instauration de la paix de Dieu et de la trêve de Dieu
1163-1345	Construction de Notre-Dame de Paris
1073-1085	Réforme grégorienne (pape Grégoire VII)
1214	Victoire de Philippe Auguste à Bouvines
1226-1270	Règne de Louis IX (Saint Louis)
1337-1453	Guerre de Cent Ans
1346	Défaite des Français à Crécy
1356	Défaite des Français à Poitiers
1360-1380	Redressement de la France sous le roi Charles V avec l'aide de Du Guesclin
1415	Défaite des Français à Azincourt
1429	Jeanne d'Arc délivre Orléans, bat les Anglais à Patay et fait sacrer Charles VII à Reims
1431	Jeanne d'Arc est brûlée vive à Rouen
1453	Victoire des Français à Castillon
1475	Signature du traité de Picquigny entre le roi de France Louis XI et le roi d'Angleterre Édouard IV

mots-clés

Barbare : personne ou peuple qui ne parle ni le latin ni le grec.

Maire du palais : personne qui dirige le palais au temps des Mérovingiens.

Comte : au temps des Carolingiens, personnage nommé par l'empereur pour le représenter.

Monastère : bâtiments habités par des religieux (clergé régulier).

Missi dominici : personnages envoyés par Charlemagne pour surveiller les comtes.

Féodalité : système politique et social par lequel le pouvoir réel est entre les mains des seigneurs et celui du roi très affaibli.

Hommage : cérémonie au cours de laquelle le vassal prête serment de fidélité à son seigneur.

Fief : (du latin *feodum*) domaine donné à un seigneur en échange de sa fidélité.

Adoubement : cérémonie au cours de laquelle un homme reçoit ses armes et devient chevalier.

Suzerain : seigneur qui accorde sa protection à un plus faible (le vassal).

Vassal : seigneur qui se met sous la protection d'un seigneur plus puissant (le suzerain).

sacre : cérémonie où l'onction fait du roi un lieutenant de Dieu sur terre.

Baillis (au nord) et Sénéchaux (au sud) : représentants du roi qui rendent la justice et dirigent les finances dans les provinces.

Légistes : spécialistes du droit.

Tournoi : combat au cours duquel des chevaliers s'affrontent pour s'entraîner mais aussi pour le plaisir de ceux qui regardent.

Clergé : ensemble des hommes d'Église.

Serf : paysan entièrement dépendant du seigneur.

Tenures : terres de la seigneurie cultivées par des paysans.

Corvée : travail gratuit effectué par les paysans sur les terres des seigneurs.

Loi salique : loi des Francs Saliens.

Fresque : peinture réalisée sur un mur.

Abbaye : monastère, communauté de religieux dirigée par un abbé ou le bâtiment dans lequel ils vivent.

Cathédrale : église dans laquelle les cérémonies sont dirigées par un évêque.

Pèlerinage : voyage vers un lieu saint pour prier.

Croisades : guerres qui opposent au nom de la religion les chrétiens et les musulmans du XIe au XIIIe siècle.

Reliques : restes d'un saint (ossements, objets, vêtements).

Terre sainte : région dans laquelle Jésus est né, a vécu et où il est mort.

Guerre civile : guerre opposant les habitants d'un même pays.

Les « Grands Capétiens » : les rois Philippe Auguste, Saint Louis, Philippe le Bel.

Le royaume franc 4

1. Les Francs

Avec les invasions barbares du Ve siècle, l'Empire romain s'effondre (déposition du dernier empereur romain en 476 par l'un des chefs barbares) et laisse la place à de nouvelles constructions politiques, les royaumes barbares. L'un de ces royaumes, celui des Francs, peuple d'origine germanique, donne son nom à notre pays.

info en +

Pour les Romains, le terme *barbare* désigne les peuples qui vivent au-delà des frontières de l'Empire romain et ne sont pas romanisés. Ce terme est emprunté au grec (*bar-bar* veut dire « ne parle pas et ne comprend pas le grec »).

Document 1. Le royaume des Francs au temps de Clovis

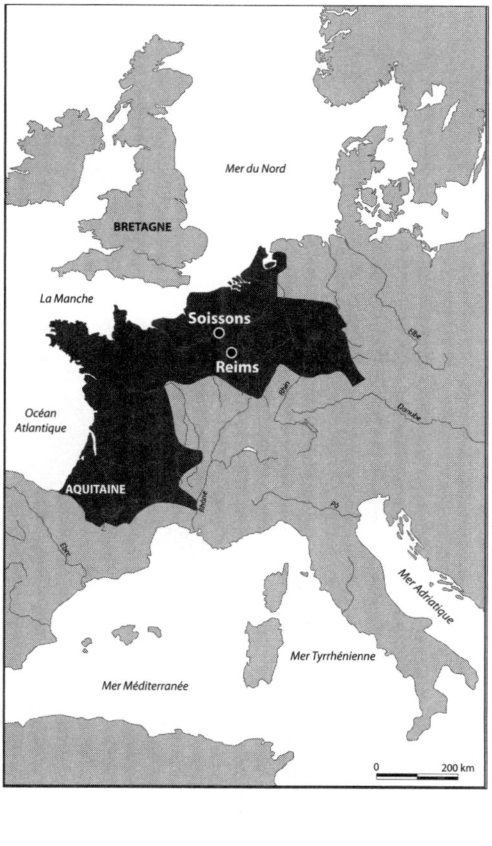

Les Francs sont apparus pour la première fois, sur les rives du Rhin (dans l'Allemagne actuelle), vers le milieu du IIIe siècle apr. J.-C. Ils sont le **résultat de la fusion de peuples plus anciens** qui ont combattu contre les Romains. Ce sont des guerriers habiles dans les techniques du fer et la fabrication des armes. Parmi les tribus franques, on distingue **les Francs Saliens et les Francs Ripuaires**. L'expansion des Francs Saliens, dont le chef est **Mérovée** (de là le nom de Mérovingiens donné à cette famille de rois) commence lors de la grande poussée germanique du début du Ve siècle.

Nous connaissons les Francs grâce aux armes et aux objets de la vie quotidienne découverts dans les tombes. Au XIXe siècle, on a notamment trouvé des **bijoux** ayant appartenu à des dames de haut rang enterrées dans **l'abbaye royale de Saint-Denis**, nécropole des rois de France. L'arme par excellence des Francs est la **francisque.**

info en +

Les bijoux des dames franques sont des fibules recouvertes d'une feuille d'or, des épingles de vêtements en argent, des bagues en or, des épingles de coiffure et des boucles de ceinture en argent.
La francisque est une hache à manche court qui servait d'arme de jet et d'arme de main et qui manquait rarement son but.

2. Clovis, roi des Francs

Divisés en de nombreuses tribus, les Francs choisissent leurs chefs au sein d'une famille dont les vertus guerrières sont reconnues. Les Francs s'unissent progressivement sous l'influence de **Clovis**, petit-fils de Mérovée, qui accède au trône en 481 et devient maître d'une grande partie de la Gaule.

Ayant une conception tribale (ce qui signifie que le roi n'exerce pas son pouvoir sur un territoire délimité mais sur un peuple plus ou moins sédentarisé) de la royauté, les Francs ne sont pas, jusqu'à Clovis, organisés en un État. Rapidement, celui-ci jette **les bases d'un État royal** en délimitant un territoire et en fixant sa capitale à Paris. Se plaçant dans la continuité de l'Empire romain, il met en place une organisation politique basée sur la cité, administrée par le comte qui représente le roi des Francs. **Il renforce sa légitimité en se convertissant au catholicisme** (païen, il reçoit le baptême) et en remportant des victoires (Soissons, Tolbiac, Vouillé) sur les autres peuples barbares. Grâce à son baptême et à ses conquêtes, Clovis lègue à son successeur un pouvoir qui a une base **chrétienne** (le peuple franc a adopté la religion catholique) et **territoriale** (à sa mort, Clovis est maître d'un royaume qui s'étend du Rhin aux Pyrénées). Les civilisations gallo-romaine et franque se mêlent pour donner naissance à une nouvelle civilisation dont la France est l'héritière.

Le baptême de Clovis est un événement très important du règne. Il permet au roi d'obtenir le soutien de l'Église et fait de la France « la fille aînée de l'Église ».

Selon Grégoire de Tours qui a écrit une *Histoire des Francs*, le baptême du roi a lieu pour Noël, à Reims en 496 (ou 499 ou 506). La cérémonie est organisée par Rémi, l'évêque de Reims, qui y joue un rôle central. Au moment du baptême, Rémi aurait prononcé ces paroles : « Dépose humblement tes colliers, fier Sicambre. Brûle ce que tu as adoré, adore ce que tu as brûlé ». Clovis abandonne les amulettes, insignes du paganisme qu'il porte au cou. Le baptême du roi est suivi par celui de ses guerriers. Le peuple franc, dans son ensemble, adopte la religion catholique.

Le baptême de Clovis et des autres chefs barbares ouvre la voie à la christianisation et offre à Clovis l'adhésion des populations gallo-romaines.

DOCUMENT 2. LE BAPTÊME DE CLOVIS, ENLUMINURE DU XIVe SIÈCLE

Les successeurs de Clovis portent le titre de « **Roi des Francs** ». Toutefois, après Clovis, la dynastie mérovingienne s'affaiblit progressivement. Les rois mérovingiens, appelés **« rois fainéants** », sont dépourvus de tout pouvoir, celui-ci étant détenu par les maires du palais, chargés de l'administration du royaume.

info en +

À l'époque mérovingienne, les maires du palais sont des serviteurs chargés de gérer les affaires domestiques du palais et la fortune du souverain.

5 L'empire de Charlemagne

1. Les Carolingiens et Charlemagne

À la fin du VIIe siècle, une famille aristocratique, originaire d'Austrasie, celle des Pippinides, accapare le pouvoir et l'un de ses représentants, Pépin le Bref, fils de **Charles Martel**, qui arrêta les Arabes à Poitiers en 732, fonde la dynastie carolingienne en 751. Le fils de Pépin le Bref, **Charlemagne** règne de 768 à 814. Ayant reçu une éducation guerrière, il élabore une construction politique qui dépasse le cadre du territoire et déplace sa capitale vers l'Est, à Aix-la-Chapelle. Projetant de rétablir l'Empire romain d'Occident**, il est couronné par le pape en l'an 800** et devient empereur.

L'EMPIRE CAROLINGIEN AU TEMPS DE CHARLEMAGNE

info en +

800 : Couronnement de Charlemagne

Le couronnement de Charlemagne le 25 décembre 800 à Rome, par le pape, est l'événement majeur de son règne. Charlemagne, que nous connaissons par le portrait qu'en fait Eginhard (un des lettrés qui entourent Charlemagne), dans *La Vie de Charlemagne*, veut restaurer l'État par le rétablissement de l'Empire romain d'Occident c'est-à-dire relever le titre impérial abandonné depuis 476 et construire un empire rénové et chrétien. Son projet devient réalité après qu'il ait agrandi le royaume et soit devenu le plus grand souverain d'Occident.

En 800, Charlemagne se rend à Rome pour arbitrer un conflit qui oppose le pape Léon III à l'aristocratie romaine. C'est alors que le pape prend l'initiative de le couronner empereur et les assistants l'acclament. Le couronnement impérial, qui suscite de la jalousie notamment de la part des empereurs byzantins, fait de l'Empire franc le plus vaste empire depuis l'Empire romain.

Charlemagne gouverne l'Empire à l'aide de comtes et de *missi dominici* (littéralement, les envoyés du maître) et s'appuie sur l'Église pour rénover l'État. Il préside des conciles, intervient dans le dogme, défend et propage la foi. Il fait de la vassalité un des rouages de sa politique. Héritier des monarchies germaniques, le gouvernement de l'Empire carolingien prend appui sur le lien personnel de l'empereur et de ses comtes, rétribués en « bénéfices » (terres du domaine impérial) et ouvre ainsi la voie à l'évolution vers la féodalité. La renaissance carolingienne s'exprime dans l'art (architecture, orfèvrerie) et dans la production littéraire (histoire et pensée politique).

2. Les successeurs de Charlemagne et la fin de l'Empire carolingien

Louis Ier le Pieux, qui succède à son père Charlemagne, parvient à conserver l'unité de l'Empire. En 840, à sa mort, la couronne impériale revient à son fils aîné Lothaire Ier, qui veut diriger seul tout l'Empire. Mais ses deux frères, Louis le Germanique et Charles le Chauve, n'acceptent pas ses prétentions et s'unissent contre lui. Devant leurs armées rassemblées à Strasbourg, les deux frères s'engagent, par un serment solennel, à se prêter une aide mutuelle. Ce document, qu'on appelle « les serments de Strasbourg », prononcés le 14 février 842, est le premier texte en langue romane qui nous soit parvenu.

Lors du traité de Verdun, en 843, l'Empire est partagé en trois royaumes d'égale importance et totalement indépendants : la Francie occidentale attribuée à Charles le Chauve qui renoue avec le cadre territorial du royaume de Clovis, la Francie orientale attribuée à Louis le Germanique (Allemagne actuelle) et, au centre, la Lotharingie attribuée à Lothaire. On considère souvent cet événement comme l'acte de naissance de l'Europe.

Né de la synthèse des mondes latin (langue savante, culture cléricale) et germanique (coutume, droit et pratiques), **l'Empire carolingien est une construction originale**, fondatrice de l'Europe occidentale. Mais au IXe siècle, cet état centralisé s'efface et les principautés apparaissent dans lesquelles le roi n'intervient qu'indirectement. Ce sont les débuts de **la féodalité**. Les princes du royaume décident de choisir eux-mêmes leur roi parmi les descendants de Charlemagne et les personnages importants du royaume en choisissant celui qui leur paraît le plus apte à gouverner.

6 La société féodale

Aux environs de l'an mil, la société est divisée en **trois ordres** : ceux qui combattent, la noblesse, les *bellatores ;* ceux qui prient, le clergé, *les oratores* ; ceux qui travaillent, le reste de la société, les *laboratores*. Mais la société médiévale n'est pas un monde immobile. Composée de différents groupes, elle évolue, se donne un mode de fonctionnement et des pratiques sociales où **la religion a une grande importance.**

1. Les seigneurs et les vassaux

Les relations entre les seigneurs et les vassaux sont précisées dans un contrat écrit qui unit deux hommes libres, un fort et un faible, lors d'une cérémonie qu'on appelle l'**hommage**. Au cours de la cérémonie, le vassal s'agenouille et met ses mains dans celles du seigneur. Parfois, les deux hommes s'embrassent sur la bouche en signe de paix et échangent des serments et des engagements. Le rituel de cette cérémonie est établi dès le VIIIe siècle. Le fort protège le faible, ce dernier l'assure de son aide et de sa fidélité. Trois types de motivations peuvent être à l'origine d'une prestation d'hommage : l'entrée dans le groupe des chevaliers, l'obtention d'une **seigneurie**, la reconnaissance à un prince d'un **droit de suzeraineté**.

Ce contrat, d'abord privé, se généralise lorsque ceux qui ont juré confiance et fidélité au roi se mettent au service du roi. Le roi a ses vassaux, les grands seigneurs ont les leurs. Les évêques et les abbés entrent aussi dans la vassalité et s'engagent à aider le roi même militairement. Les seigneurs deviennent à leur tour vassaux de seigneurs plus puissants. Il se crée une **pyramide de fidélités** au sommet de laquelle se place le roi.

Les seigneurs laïques reçoivent une éducation guerrière avant de devenir chevaliers. Une fois adultes, ils font la guerre, pratiquent la chasse et participent à des **tournois,** ces jeux dans lesquels les protagonistes se combattent violemment. Les chevaliers doivent être courageux loyaux et généreux. Le seigneur doit, aux paysans comme à ses vassaux, protection et justice, le château fort pouvant servir de refuge en cas de danger.

2. La seigneurie

La seigneurie est le cadre dans lequel s'organisent les relations entre les seigneurs et les paysans pendant plusieurs siècles. Au cœur de la seigneurie, se dresse **le château fort**, forteresse flanquée de hautes tours et d'un puissant donjon.

info en +

Le château fort est :

- une **forteresse militaire** qui se divise en trois parties : l'enceinte qui peut être double est constituée par un fossé et des remparts ; la motte où se concentre la défense ; le donjon qui est d'abord en bois puis en pierre à partir du Xe siècle ;
- **le centre de pouvoirs de commandement** (ordonner, punir, contraindre) qui s'exercent sur tous ceux qui vivent autour du château, essentiellement les paysans qu'ils soient libres ou non ;
- **le lieu symbole de l'enracinement du lignage dans une terre** : les châtelains ont pour obsession, à partir du XIe siècle, la continuité de leur descendance.

La seigneurie se compose de plusieurs ensembles : le domaine du maître ou réserve mis en valeur par des domestiques et placé à proximité du château et les tenures, les terres concédées à des paysans libres qui les exploitent en échange de redevances et d'obligations.

On distingue deux types de seigneurie :

- **la seigneurie foncière** qui est liée à la propriété de la terre et qui donne au seigneur un pouvoir d'exploitation économique ;
- **la seigneurie banale** qui dispose du droit de ban. Les détenteurs de la seigneurie banale prélèvent sur les paysans les droits de justice, des droits pour utiliser le four, le moulin ou le pressoir appelés banalités ainsi que la taille (impôt en nature).

info en +

À l'origine, le droit de ban est une prérogative du roi qui, en raison du morcellement territorial, a été accaparée par les grands seigneurs puis par les seigneurs plus modestes.

Document 1. La chasse au faucon, extrait des Très Riches Heures du duc de Berry

Partie 2

3. La condition paysanne

Elle est très diversifiée selon que les paysans sont libres ou non-libres et elle évolue à travers les dix siècles du Moyen Âge. Les paysans sont sous l'autorité du seigneur et vivent organisés en villages.

Parmi les paysans, on distingue **les hommes libres, les vilains**, et ceux qui ne le sont pas, **les serfs**, qui doivent des redevances supplémentaires au seigneur en reconnaissance de leur grande dépendance. La vie des paysans s'écoule au rythme des travaux agricoles. Se nourrir est leur première préoccupation, les céréales constituent la base de leur alimentation.

Les charges du paysan sont importantes. Après avoir payé **la dîme** au clergé et les autres impôts et taxes au seigneur – **le cens** (loyer de la terre), **le champart** (prélèvement sur la récolte), **la taille** (taxe qui garantit la protection du seigneur), **les banalités** (taxes versées pour l'utilisation obligatoire du moulin, du four et du pressoir du seigneur) –, il lui reste 30 à 40 % pour vivre et au besoin épargner, ce qui ne pourra se faire qu'en fournissant un effort nettement supérieur aux nécessités vitales. De plus, le paysan doit **la corvée** c'est-à-dire du travail gratuit sur le domaine du seigneur.

Document 2. Répartition des charges du paysan

Dîme	3 à 13 % de la récolte (moyenne 10 %) versés au curé ou au monastère...
Cens et champart	3 à 5 % de la récolte
Banalités, péages	variable et souvent faible (environ 8 %)
Corvée	travail gratuit pour le compte du seigneur
Taille	10 % de la récolte
Semences	20 % ou plus de la récolte pour les semailles de l'automne ou du printemps

Quelquefois, quand leur vie devient trop dure, les paysans se révoltent. **La révolte des Jacques** de 1358, du nom du chef des paysans révoltés qui s'appelait Jacques Bonhomme (d'où vient le nom jacquerie signifiant révolte paysanne), est brève et violente. Émeute de la misère, soulèvement des pauvres contre les nobles, elle est écrasée dans le sang.

La condition paysanne reste précaire durant toute la période, liée aux aléas du climat et de l'insécurité. Cependant, elle s'améliore peu à peu grâce aux défrichements qui permettent la mise en culture de nouvelles terres et au perfectionnement de l'outillage : le fer est de plus employé dans la fabrication des outils de défrichement, de labour, de moisson ; le joug frontal pour le bœuf et le collier d'épaule pour le cheval améliorent l'attelage ; les moulins à eau puis à vent deviennent plus nombreux.

Le rôle de l'Église 7

1. Les fonctions de l'Église

On ne peut comprendre le Moyen Âge sans mesurer la place essentielle de l'Église dans la société. L'Église exerce :

- **un rôle religieux** : elle assure l'encadrement des fidèles et l'organisation des manifestations religieuses ;
- **un rôle social** : elle assiste les pauvres et les malades dans les hôtels-dieu. Dans les périodes de troubles, elle est le seul pouvoir qui protège. Elle cherche à canaliser la violence des chevaliers : au XIe siècle, elle institue la paix de Dieu et la trêve de Dieu.

> Info en +
>
> **La paix de Dieu et la trêve de Dieu**
>
> Respect de l'immunité des églises, interdiction d'attaquer les prêtres et les paysans désarmés, interdiction aux chevaliers de se battre du jeudi matin au dimanche soir et pendant certaines périodes de l'année.

- **un rôle économique :** elle perçoit la dîme et s'enrichit des dons qu'elle reçoit. Elle joue quelquefois le rôle d'un seigneur en raison de l'importance des biens qu'elle possède ;
- **un rôle culturel :** L'Église assure l'enseignement dans les écoles urbaines et à l'université. Les bibliothèques sont des lieux de maintien de la langue latine et de la culture médiévale ;
- **un rôle politique et judiciaire :** les rois sont sacrés par le pape ou par l'archevêque de Reims. Par ailleurs, le clergé relève de la justice ecclésiastique, l'Église peut aussi exercer la justice seigneuriale sur les terres dont elle est propriétaire.

2. Une organisation hiérarchisée

Au XIIe siècle, le clergé, dont l'organisation est très structurée, représente environ 5 % de la population du royaume de France. On distingue deux catégories de clergé :

- **le clergé séculier**, celui qui vit dans le siècle parmi les fidèles. Il comprend les curés qui résident dans les paroisses et dépendent d'un évêque, lui-même étant à la tête du diocèse qui regroupe plusieurs paroisses. Leur mission est de dire la messe, de célébrer les fêtes religieuses. Ils se distinguent des laïcs par leur mode de vie. Ils sont notamment soumis au célibat à partir du XIIe siècle ;
- **le clergé régulier**, qui vit selon une règle. Il comprend les moines vivant dans des communautés dirigées par un abbé ou une abbesse. Ces personnes ont prononcé des vœux de pauvreté, de chasteté et d'obéissance à la règle de leur

DOCUMENT 1. SCHÉMA D'ORGANISATION DE L'ÉGLISE

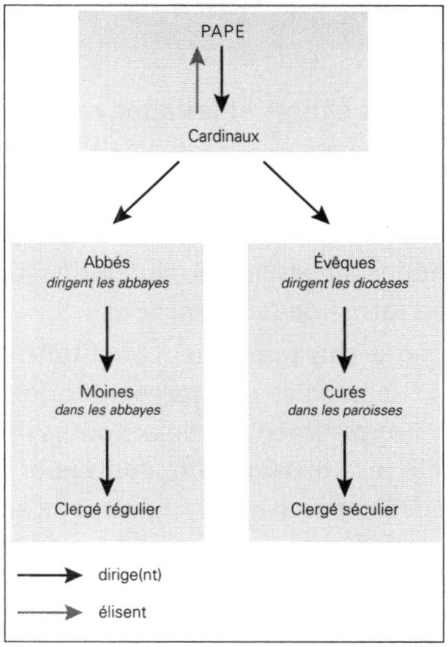

ordre. Les ordres monastiques connaissent un essor important au cours du Moyen-Age : **l'ordre de Cluny** créé en 910, **l'ordre de Citeaux** (ordre dit cistercien) fondé en 1098, près de Dijon, l'ordre des Chartreux créé à la fin du XIe siècle et **les ordres mendiants**, Franciscains et Dominicains créés au XIIIe siècle. Lors des croisades, des **ordres militaires religieux** sont créés : les Templiers, les Hospitaliers, les Chevaliers teutoniques aux XIIe siècle.

Au cours du Moyen Âge, deux grands mouvements ont permis à l'Église de se réformer en profondeur : la réforme de Cluny, au Xe siècle, qui remet la prière et la célébration liturgique à l'honneur et la **réforme grégorienne**, entreprise par le pape Grégoire VII à la fin du XIe siècle dont les décisions sont réaffirmées et consolidées par le concile du Latran IV (1215) : condamnation du mariage des prêtres, de la vente des biens spirituels, interdiction de la répudiation de l'épouse et du mariage consanguin jusqu'au septième degré, organisation des paroisses, communion pour les fidèles, obligation de se confesser une fois par an, de faire pénitence...

3. Un art au service de la foi

DOCUMENT 2. UNE ABBAYE ROMANE, L'ABBAYE DE FONTENAY (CÔTE-D'OR)

La place de l'Église dans la société médiévale se lit dans les paysages : **les lieux de culte sont d'abord les églises et les abbayes romanes, puis les cathédrales gothiques**. Mais qu'elles soient romanes ou gothiques, les églises, les cathédrales et les abbayes qui embellissent aujourd'hui nos villes et nos campagnes témoignent de la profondeur de la foi de l'homme médiéval. Tous les artistes du temps apportent leur contribution à leur construction : les architectes, les sculpteurs, les peintres, les verriers. Elles nécessitent une main-d'œuvre importante et d'énormes moyens financiers. Ce sont les dons des rois, des seigneurs et des bourgeois qui permettent de les construire.

Les églises et les abbayes romanes

À partir de la fin du Xe siècle, de l'Espagne du nord à la Germanie impériale, l'Occident se couvre d'un « blanc manteau d'églises », selon la métaphore restée célèbre du moine Raoul Glaber, qui concerne l'art roman. Petites églises rurales, grandes églises monastiques ou basiliques de pèlerinage, elles ont toutes la même disposition et le même plan en forme de croix latine :

- **la charpente** est constituée d'une voûte de pierre en demi-cercle (la « voûte en berceau ») renforcée par des arcs-doubleaux ou une voûte d'arêtes constituée du croisement de deux voûtes reposant sur quatre piliers ;
- **les poussées** sont contenues par des murs épais renforcés de contreforts ;
- **les murs et les chapiteaux** sont ornés de sculptures qui représentent des scènes bibliques et servent à instruire les fidèles.

Monastère dirigé par un abbé, **une abbaye** est composée de différents édifices : l'église, lieu de la prière et les bâtiments essentiels à la vie des moines, c'est-à-dire le cloître, la salle du chapitre où ils se réunissent autour de leur abbé, le scriptorium où ils copient et illustrent des manuscrits, le réfectoire, le chauffoir et le dortoir.

Dans les abbayes construites à l'époque romane, les moines mènent une vie rude et communautaire. La plupart des abbayes sont autonomes et produisent tout ce qui est nécessaire à la vie de la communauté. Indépendantes les unes des autres, elles sont d'abord organisées selon la règle de saint Benoît de Nursie, puis réformées successivement dans le sens d'une plus stricte observance de la règle.

La France compte de nombreuses abbayes comme celles de **Fontenay**, fondée par Saint Bernard en 1118 en Bourgogne, de **Cluny**, de **Fontevraud** (dirigée par une abbesse), de **Sainte-Foy de Conques**, du **Mont-Saint-Michel**, ainsi que les trois abbayes cisterciennes de Provence : **Le Thoronet, Sénanque et Silvacane.**

Les cathédrales gothiques

Né au XIIe siècle en Île-de-France, **l'art gothique** est un art urbain lié à la renaissance du commerce et au renouveau des villes. Adopté à partir du XIIIe siècle dans l'Occident tout entier, il est caractérisé par la **croisée d'ogives**, qui permet de percer dans les murs de grandes fenêtres décorées de vitraux qui racontent des épisodes de la Bible ou de la vie des saints. La **sculpture et le vitrail**, qui sont les éléments majeurs du décor de la cathédrale, expriment l'idée d'un Dieu humain et d'une religion optimiste. La Vierge occupe une place d'honneur dans le décor des tympans et beaucoup de cathédrales lui sont consacrées sous le vocable de « Notre-Dame ». Les piliers sont renforcés par des **arcs-boutants** appuyés sur des contreforts. Les cathédrales gothiques sont des lieux de prière, mais elles servent aussi aux fêtes et aux réunions publiques.

Document 3. Une cathédrale gothique, Notre-Dame de Paris

L'art gothique s'adapte aux coutumes et traditions locales. La cathédrale de Reims, connue surtout pour sa façade d'une exceptionnelle grandeur, a été construite au XIIIe siècle (pose de la première pierre en 1211) alors que la plupart des nouvelles techniques du style gothique (croisée d'ogives, contreforts, arcs-boutants) étaient parfaitement connues et maîtrisées. La construction de **Notre-Dame de Paris** commence sous Louis VII en 1163 et se termine en 1345. Par ses dimensions (130 m de long, 48 m de large et 95 m de haut), elle est, à l'époque de sa réalisation, la plus vaste qu'on ait osé élever. La France compte une centaine de cathédrales gothiques. Parmi elles, des chefs-d'œuvre : Paris, Chartres, Bourges, Reims, Amiens, Beauvais, Strasbourg, Rouen.

4. Des pratiques religieuses tournées vers la recherche du salut

Document 4. Embarquement pour la croisade, miniature du XIVe siècle

La **recherche du salut** imprègne les actes matériels et spirituels des hommes et des femmes du Moyen Âge. En dehors de l'assistance à la messe des cinquante-deux dimanches de l'année et la prière, on célèbre de nombreuses fêtes religieuses (une trentaine par an). On peut y ajouter les offices divers, les baptêmes, confirmations, mariages et obsèques.

Les pèlerinages occupent une grande place parmi les pratiques religieuses. Faire un pèlerinage est un acte de foi, un acte de pénitence et une manière de gagner le paradis. En raison de l'insécurité et de la rareté des routes, le pèlerinage est souvent dangereux, toujours difficile et en général très long. Les grands centres de pèlerinage de la chrétienté médiévale naissent autour de sépulcres comme le tombeau de saint Pierre à Rome ou le tombeau de saint Martin de Tours ou de saint Jacques de Compostelle en Espagne. Les chrétiens vénèrent aussi les reliques.

Parmi les pèlerinages, il faut faire une place particulière au **pèlerinage aux Lieux saints**, c'est-à-dire au tombeau du Christ, qui, à la fin du XIe siècle, devient une croisade. On définit **la croisade** comme un pèlerinage de chevaliers en armes, portant une croix cousue sur leurs vêtements, sous l'autorité de l'Église, en vue de reconquérir le tombeau du Christ. Les causes des croisades sont à rechercher dans la volonté de l'Église de limiter les guerres privées et d'utiliser l'ardeur guerrière des chevaliers vers une forme de guerre sainte (théorie selon laquelle le service des armes et les conquêtes territoriales peuvent s'effectuer au nom de la foi chrétienne contre l'islam).

info en +

Déroulement des croisades

En 1095, le pape Urbain II lance un appel à la croisade pour aller délivrer le tombeau du Christ tombé aux mains des Turcs Seldjoukides depuis le milieu du XIe siècle. Cet appel entendu par la chevalerie occidentale, aboutit à l'organisation de la **première croisade** (1095-1099) sous l'égide de l'Église. Une armée de chevaliers du Nord de la France, dirigée par Godefroy de Bouillon, s'empare de Jérusalem en 1099. Quatre États latins d'Orient sont constitués : Le royaume de Jérusalem, le comté de Tripoli, le comté d'Edesse, le royaume d'Antioche.

- Provoquée par la chute du comté d'Edesse aux mains des musulmans, **la deuxième croisade** (1147-1149) à laquelle participe le roi de France, Louis VII est un échec.
- Au cours de **la troisième croisade** (1189-1192), les armées françaises et anglaises dirigées par le roi de France, Philippe Auguste et le roi d'Angleterre Richard Cœur de Lion ne parviennent pas à reprendre Jérusalem détenue par Saladin.
- **La quatrième croisade** intervient après la prise de Constantinople en 1204. Les croisés se laissent détourner de leur itinéraire convaincus par les Vénitiens dont les intérêts économiques étaient primordiaux.
- **Les quatre croisades suivantes** (dont la huitième conduite par Saint Louis qui meurt en 1270 devant Tunis) ne parviennent pas à leur objectif, c'est-à-dire reprendre Jérusalem aux mains des musulmans. En 1291, la chute de Saint-Jean-d'Acre marque la fin de la présence occidentale en Orient.

Le rassemblement capétien

8

Dans la société féodale de l'an mil caractérisée par sa ruralité et par l'importance de la seigneurie, où l'Église occupe une place importante, le pouvoir central n'a pas vraiment d'existence. **Ce sont les rois capétiens qui, à partir de 987, vont très progressivement le faire renaître et le développer.**

1. Les premiers Capétiens

En 987, après la mort accidentelle et sans descendance de Louis V, dernier roi carolingien, deux princes sont candidats : Charles de Lorraine, le plus proche parent du défunt roi, et **Hugues Capet**. L'assemblée des Grands, laïcs et ecclésiastiques du royaume, réunie à Senlis en 987, se prononce pour Hugues Capet, issu de la puissante famille des comtes de Paris et des ducs des Francs. Le pouvoir d'Hugues Capet est limité aux terres qu'il possédait avant son élection, le domaine royal. Dans les autres principautés, il n'a qu'un pouvoir indirect. Pour affirmer l'autorité et le prestige de la fonction royale, un mois après son élection, **Hugues Capet décide de se faire sacrer**. Cet acte, en faisant du roi, l'intermédiaire entre Dieu et son peuple, lui confère un statut exceptionnel.

info en +

Le sacre du roi de France

Rite d'initiation, le sacre transforme le roi jusque-là désigné par la coutume en un roi sacralisé par l'onction divine que lui dispense l'Église. Il l'investit aussi d'un pouvoir thaumaturgique (faculté quasi magique qu'a le roi de France de guérir, par le toucher les malades souffrant des écrouelles, une sorte de maladie de peau). Le sacre existe depuis les Carolingiens mais les Capétiens codifient la cérémonie dans ses moindres détails.

Au cours de la cérémonie, en présence des prélats et de hauts officiers et nobles laïques, le roi est marqué de l'huile sainte, puis il reçoit la couronne et l'épée et les autres insignes de la royauté. Les rois de France sont enterrés dans l'abbaye de Saint-Denis qui a aussi la garde des objets du sacre (couronne, épée, sceptre) et de l'enseigne de l'abbaye, appelée oriflamme que le roi vient chercher lorsqu'il part à la guerre.

portrait

987, Hugues Capet, roi des Francs

Hugues Capet domine une principauté qui s'organise autour de Paris, entre Senlis et Orléans. Dans sa principauté riche et bien administrée, la paix règne et les seigneurs sont relativement dociles. Grâce à l'appui de l'archevêque de Reims, en 987, il est élu par se pairs et, quelques semaines plus tard, sacré roi de France.

L'élection et le sacre, qui passent inaperçus à l'époque, marque la fin des Carolingiens et consacrent l'avènement des Capétiens à la royauté. La nouvelle dynastie occupe le trône de France pendant plus de 800 ans.

Les premiers Capétiens sont des rois faibles. Ils ne parviennent à imposer leur justice, leur administration et leurs taxes que dans le petit domaine royal qui s'étend autour de Paris et d'Orléans. Le reste du royaume est aux mains des seigneurs, parfois très puissants, qui sont les vassaux du roi.

Toutefois, le roi de France dispose de quelques atouts. Il est **suzerain suprême**, ce qui signifie qu'il n'est le vassal de personne et il organise sa succession en faisant sacrer son fils aîné de son vivant. À partir du XIIe siècle, le prestige du roi de France s'accroît et les Capétiens qui vont régner par la suite poursuivent la consolidation du royaume.

2. L'agrandissement du royaume

L'agrandissement du royaume et l'accroissement du prestige des rois, commencés sous les premiers Capétiens, se poursuit au cours des siècles suivants. En 1148, Louis VII participe à la seconde croisade, ce qui fait de lui un roi pieux et le rapproche de son peuple. Au début du XIIIe siècle, **Philippe Auguste** (1180-1223) s'empare de la Normandie, du Maine, de l'Anjou, du Valois. En remportant en 1214, **la bataille de Bouvines** contre l'empereur d'Allemagne et le comte de Flandre, Philippe Auguste consolide la monarchie à l'intérieur du royaume et dans toute l'Europe.

À la fin du XIIIe siècle, le fils de Philippe Auguste, **Philippe III le Hardi** rattache le comté de Toulouse au domaine royal et **Philippe le Bel** hérite de la Champagne. Au début du XIVe siècle, le domaine royal couvre la majeure partie du royaume. Seuls quelques grands fiefs subsistent : la Guyenne, qui appartient au roi d'Angleterre, la Flandre, la Bretagne et la Bourgogne.

La situation du royaume de France au cœur de l'Europe chrétienne, sur les routes des pèlerinages et du commerce et la succession de onze générations de rois en ligne directe assurent la grandeur de la dynastie. Suzerain suprême, se situant donc au sommet de la pyramide féodale, le roi de France gouverne avec une cour qui réunit les grands seigneurs laïques, des évêques et des abbés.

Document 1. L'extension du domaine royal entre 1180 et 1323

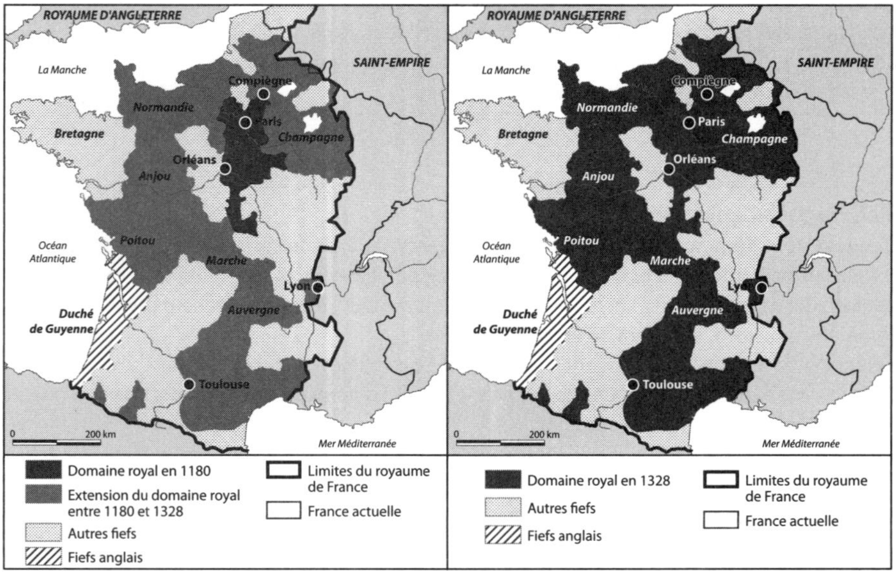

3. La mise en place d'institutions spécialisées

Au XIIIe siècle et, notamment sous les règnes de Philippe Auguste, Louis IX et Philippe le Bel, les institutions se perfectionnent sur le plan local, avec **la création des baillis et des sénéchaux**, et au niveau central, avec la spécialisation de la cour du roi en Conseil du roi, Parlement et Chambre des comptes. Pour l'aider dans sa tâche, Saint Louis prend conseil auprès des **légistes,** experts de la justice et du droit. À l'intérieur comme à l'extérieur du royaume, il joue le rôle d'arbitre : c'est, selon le mot du temps, un « apaiseur ». Justicier, pacifique, chrétien et vertueux, il s'impose à ses successeurs comme un modèle.

Info en +

Les baillis et les sénéchaux représentent le roi de France, collectent les impôts, rendent la justice et contrôlent l'armée.

DOCUMENT 2. LE SACRE DE SAINT-LOUIS, ORDRE DE LA CONSÉCRATION ET DU COURONNEMENT DES ROIS DE FRANCE VERS 1280

Louis IX (Saint Louis) roi de France de 1226 à 1270

Fils de Louis VIII et de la reine Blanche de Castille, Saint Louis est un des rois qui ont le plus marqué l'histoire de la France à la fois par sa personnalité qui est hors du commun et par son action politique et religieuse. Sa vie nous est connue par différents ouvrages notamment *les Grandes Chroniques de France* et la *Vie de Monseigneur Saint Louis* écrite par Joinville à la fin du XIIIe siècle. En 1996, l'historien Jacques Le Goff publie une biographie de Saint Louis qui renouvelle la connaissance du personnage. Il montre un roi très pieux, obsédé par l'idée de croisade et de justice mais aussi un homme aimant profondément la vie.
Saint Louis n'a que 12 ans lorsqu'il succède à son père. C'est sa mère Blanche de Castille qui assure la régence du royaume jusqu'en 1242, bien après la majorité de son fils. Son action, considérable dans de nombreux domaines, s'est toutefois heurtée à la résistance des pouvoirs locaux, notamment des grands du royaume. Il meurt à Tunis en partant pour la huitième croisade.

Par les ordonnances de 1263 et 1265 Louis IX crée **une monnaie valable dans tout le royaume fondée sur l'or, l'écu d'or**. C'est une monnaie de forte valeur, qui pèse un peu plus de quatre grammes d'or. Au centre, au cœur d'une rosace à huit pétales, se trouve l'écu de France : un bouclier décoré de fleurs de lys. Il reproduit les armes du roi, sa bannière d'azur semée de fleurs de lys. Philippe IV le Bel, tout en poursuivant l'œuvre de centralisation et de spécialisation administrative, procure à l'État royal des ressources financières, au-delà des revenus du domaine, en imposant la levée exceptionnelle d'impôts directs dans tout le royaume. Le roi légifère désormais par ordonnances pour l'ensemble du royaume et, si de nombreux actes sont encore écrits en latin, **la langue du roi** (le français de l'Île-de-France) est de plus en plus utilisée dans l'administration.

Le rôle de Paris, capitale du royaume, se précise au fur et à mesure que s'affermit la puissance capétienne. Philippe Auguste, Louis IX et Philippe le Bel fixent à Paris les organes du pouvoir central, le Parlement, la Chambre des comptes, le Trésor, les Archives, la Monnaie, les Reliques, et y séjournent souvent. Ils construisent des bâtiments pour y vivre et pour accueillir la cour. Philippe Auguste fait construire le Louvre, fait paver les rues et alimenter les fontaines ; Louis IX fait bâtir la Sainte Chapelle, Philippe le Bel termine l'aménagement du Palais de la Cité. Enfin, en 1250, le gros œuvre de Notre-Dame de Paris est achevé avec les façades du transept. La perfection de la construction montre l'importance que les rois ont accordée au bâtiment. À la fin du XIIIe siècle, Paris est la ville la plus peuplée de l'Occident chrétien avec un peu plus de 200 000 habitants.

DOCUMENT 3. PLAN DE PARIS AU XIIIe SIÈCLE

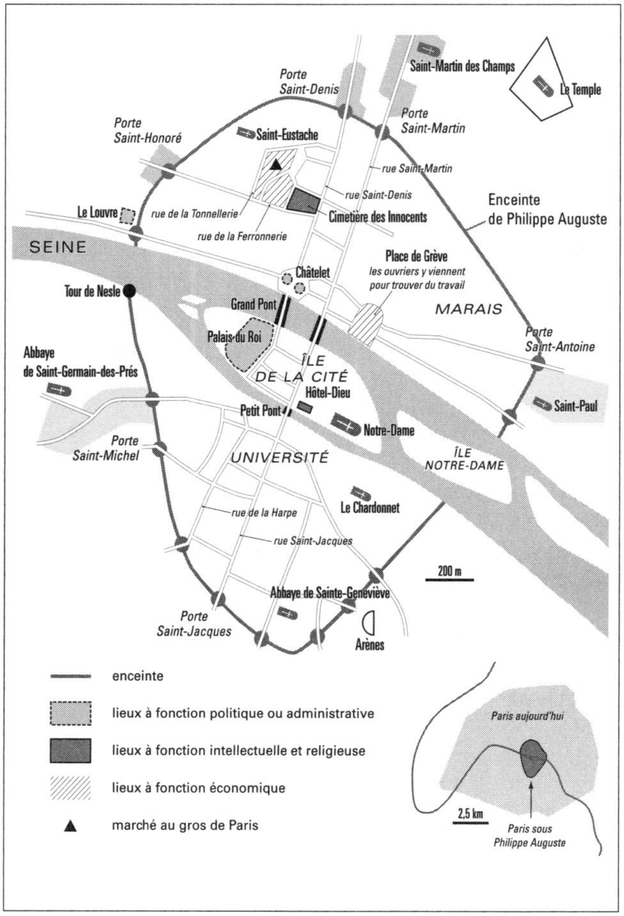

4. La naissance d'un État moderne

Paradoxalement, la guerre de Cent Ans qui oppose, de 1337-1453, les Français et les Anglais renforce le pouvoir de la monarchie, alors que son existence même a été menacée.

Document 4. Généalogie des Rois de France

Les origines de la guerre de Cent Ans

- **C'est d'abord une guerre de succession.** En 1328, pour la première fois depuis Hugues Capet, les trois fils de Philippe le Bel meurent sans héritier mâle. La couronne passe à leur cousin germain, Philippe de Valois, au détriment des filles des rois défunts et du petit-fils de Philippe le Bel par sa mère, Édouard III d'Angleterre. Cette décision, qui s'appuie sur la loi salique permet d'écarter du trône le roi d'Angleterre qui « n'est pas né du royaume », première ébauche du sentiment national.

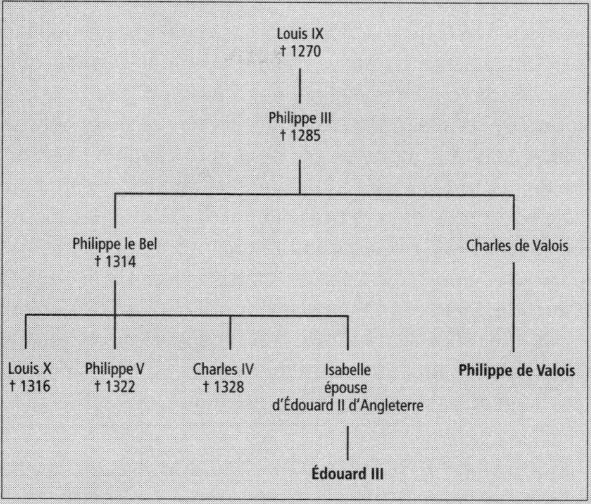

- **C'est aussi un conflit féodal.** Le roi d'Angleterre, qui est le vassal du roi de France pour son fief de Guyenne, refuse de lui prêter hommage.
- **Elle a enfin des causes économiques.** Les visées du roi de France sur le comté de Flandre compromettent les exportations de laine anglaise.

La guerre comprend **des périodes de combat et de logues périodes de trêve**. Les Anglais remportent d'abord une série de succès, dont la bataille de Crécy en 1346, la bataille de Poitiers en 1356, victoires qui leur permettent de contrôler une partie du royaume de France. Un redressement s'opère sous le roi Charles V, aidé de son conseiller, Bertrand du Guesclin. Mais à la mort de Charles V en 1380, la guerre reprend et les années 1380 à 1430 sont parmi les plus sombres de notre histoire. La folie du nouveau roi, Charles VI, **la guerre civile entre Armagnacs et Bourguignons**, la défaite française face aux Anglais à Azincourt en 1415 plongent le pays dans le chaos.

À partir de 1340, la situation se retourne en partie grâce à **Jeanne d'Arc**. Par ses victoires sur les Anglais, elle rend courage aux soldats du roi de France. Après sa mort, la France ne perd plus l'avantage et, pour faire face à la guerre, Charles VII crée **une armée permanente** composée de mercenaires et des impôts permanents. Les Français reprennent Paris en 1436, la Normandie de 1449 à 1450 par la victoire de Formigny, la Guyenne de 1450 à 1453 par la victoire de Castillon, Bordeaux en 1453.

Le roi de France, Louis XI (1461-1483) en ruinant la puissance du duc de Bourgogne, Charles le Téméraire, restaure l'autorité et le prestige du roi de France. Le traité de paix définitif signé en 1475 à Picquigny entre le roi de France, Louis XI et le roi d'Angleterre, Édouard IV met fin à une guerre qui a duré plus de cent ans.

Après cette période de troubles et de malheurs, **l'autorité royale est restaurée** et les exigences financières de la guerre ont accéléré la mise en place d'une **fiscalité régulière** (impôts indirects, taille royale) qui permet au roi l'entretien d'une **armée permanente**. La guerre a aussi favorisé la naissance, contre les Anglais, d'un **sentiment d'appartenance** à une nation dont le roi de France est le symbole, l'intervention de Jeanne d'Arc entre 1429 et1431 ayant été décisive.

portrait

Jeanne d'Arc (vers 1412-1431)

Née vers 1412 à Domrémy en Lorraine dans une famille de paysans aisés, Jeanne d'Arc, surnommée la Pucelle d'Orléans, est une figure emblématique de l'histoire de France. Selon son témoignage, à treize ans, Jeanne entend des voix qui lui ordonnent de délivrer la France, ravagée par la guerre de Cent Ans, en aidant le futur Charles VII. Elle mène une guerre d'escarmouche, dont le mérite essentiel est de redonner confiance aux Français et à leurs alliés qui réussissent à l'emporter. En sauvant le dauphin et en le faisant couronner en la cathédrale de Reims en 1429, elle contribue à le faire reconnaître comme roi de France, et joue ainsi un rôle primordial dans la construction du royaume de France.
Le 23 mai 1430, elle est capturée par les hommes de Jean de Luxembourg au service du duc de Bourgogne. Remise par les Anglais à la justice ecclésiastique, elle est condamnée par Pierre Cauchon, évêque de Beauvais et **brûlée vive à Rouen le 30 mai 1431.**
Le mythe religieux de **sainte Jeanne d'Arc** trouve son apogée au début du XXe siècle, Jeanne est béatifiée en 1909 et canonisée en 1920. Le mythe patriotique de Jeanne d'Arc est le prolongement du personnage historique, du mythe guerrier et religieux.

Document 5. Jeanne d'Arc en armure, enluminure du XVe siècle

Dans de nombreux domaines, le roi de France apparaît à la fin du Moyen Âge comme l'un des souverains les plus puissants d'Europe. Il est riche ; le domaine royal tend à se confondre avec le royaume et un système étatique « moderne » s'impose à l'ensemble du territoire.

Partie 3

L'État royal du XVIe au XVIIIe siècle

problématique

Comment se met en place la monarchie absolue ? Qui l'incarne en France au XVIIe siècle ? Quelle place occupe la France dans les mouvements européens, la Renaissance, l'humanisme et les Grandes Découvertes ? Par qui et comment la monarchie absolue est-elle remise en cause au XVIIIe siècle ?

événements et dates-clés

1492	Christophe Colomb en Amérique, début des Temps modernes
1515-1547	Règne de François Ier
1539	Édit de Villers-Cotterêts
1543	L'astronome polonais Copernic affirme que la Terre tourne autour du Soleil
1610	Le physicien florentin Galilée démontre la rotation de la Terre
1562-1598	Guerres de Religion en France
1572	Massacre de la Saint-Barthélemy
1598	Édit de Nantes
1624-1642	Richelieu, ministre de Louis XIII
1635	Création de l'Académie française
1643-1715	Règne de Louis XIV (règne personnel de 1661 à 1715)
1685	Révocation de l'édit de Nantes par l'édit de Fontainebleau
1748	Publication de *L'Esprit des Lois* par le philosophe Montesquieu
1751	Premier volume de *L'Encyclopédie*
1762	Voltaire s'engage dans l'affaire Calas et publie en 1764 l'article « Fanatisme » dans le *Dictionnaire philosophique*
1762	Rousseau publie *Le Contrat social*
1763	*Traité sur la tolérance* de Voltaire

mots-clés

Édit : décision royale qui a force de loi.

Officier : titulaire d'un emploi dans l'administration (justice, finances) appelé office.

Sceau : cachet qui garantit les lettres du roi.

Humaniste : savant des XVe et XVIe siècles qui redécouvre les auteurs antiques et met l'homme au centre de tout.

Perspective : façon de dessiner des objets qui donne l'impression du relief et de la profondeur.

Réforme : mouvement religieux qui fonde le protestantisme.

Huguenot : surnom donné aux protestants français. Il évoque la manière dont on appelait les habitants de la Suisse qui avaient adopté les idées de Calvin.

Concordat : accord passé entre le pape et un État sur des questions religieuses.

État civil : service qui enregistre les naissances, les mariages et les décès (il est assuré par l'Église jusqu'à la Révolution).

Cour : entourage du roi comprenant la famille royale, les conseillers et les grands seigneurs (courtisans) ainsi que les domestiques.

Fronde : révolte des nobles et des Parisiens contre la régente Anne d'Autriche et Mazarin pendant la minorité de Louis XIV.

Régence : période pendant laquelle le pouvoir est exercé par une personne appelée régente en attendant que le roi devienne adulte.

Étiquette : ensemble des règles à respecter à la cour.

Jardin à la française : jardin où les parterres et les allées sont disposés géométriquement.

Bourgeois : au XVIIIe siècle, notable qui a des terres et des biens et n'appartient pas à la noblesse.

Privilèges : droits et avantages du clergé et de la noblesse sous l'Ancien Régime.

Le royaume de France au XVIᵉ siècle

9

L'histoire de la France du XVIe siècle s'inscrit complètement dans les événements qui marquent l'Europe du début des **Temps modernes**. Cette période est également appelée Ancien Régime. En France, les rois renforcent leur pouvoir dans de nombreux domaines et affirment leur présence à Paris.

Infos en +

On appelle Temps modernes la période qui s'étend de la fin du XVe siècle (1492 Christophe Colomb débarque en Amérique) à 1789 (début de la Révolution française).
L'Ancien Régime est la période qui va de la Renaissance à la Révolution française, celle de la monarchie absolue et d'une société d'ordres.

1. Les progrès du pouvoir royal dans la première moitié du XVIe siècle (1515-1559)

De 1515 à 1559, les rois **François Ier** et Henri II renforcent l'autorité monarchique en transformant les institutions au niveau central et au niveau local, développent la Cour afin de faire sentir leur force par leur magnificence et inventent le courtisan, personnage qui trouve son plein épanouissement à Versailles au siècle suivant. On parle d'un **premier absolutisme au XVIe siècle.**

La centralisation du pouvoir va de pair avec la présence plus importante des rois de France à **Paris**. Ils transforment le Palais du Louvre en s'inspirant des idéaux issus de la Renaissance. En 1527, François Ier décide de raser la forteresse médiévale et d'ériger un nouveau palais. À la mort d'Henri II, le Louvre devient la demeure des rois de France et le palais se développe le long de la Seine. **Henri IV** fait construire la Grande Galerie du bord de l'eau et établit la jonction avec les Tuileries. Au XVIe siècle, Paris renforce donc son rôle de capitale politique.

Née en Italie, la Renaissance qui renouvelle les voies de la création artistique, se répand ensuite dans toute l'Europe. Elle est marquée par un renouveau des arts et des lettres, par le retour à l'Antiquité et par la place centrale attribuée à l'homme. Liée aux contacts nombreux que la France entretient avec l'Italie, par le biais des guerres et des échanges mais aussi grâce à la venue d'artisans et d'artistes italiens, elle repose sur une volonté monarchique forte – celle de François Ier –, relayée par l'action des élites proches du pouvoir royal qui pratiquent **le mécénat**, une conjoncture économique favorable et l'avancée des sciences. Elle se caractérise par la prise en compte de l'héritage antique et de la foi chrétienne, l'influence du modèle italien et flamand, des aspects plus spécifiques notamment dans la sculpture (Jean Goujon réalise la fontaine des Innocents), dans l'architecture avec la construction des châteaux de la Loire, de Fontainebleau et du Louvre et dans la peinture (portraits des princes et des rois par les frères Clouet).

La France est également au cœur d'un nouveau courant de pensée, **l'humanisme** qui traverse toute l'Europe du XVIe siècle. Né en Italie, il est caractérisé par la redécouverte des textes de l'Antiquité, un grand appétit de savoir, une confiance inébranlable dans l'homme. L'ambition des humanistes est de former un homme complet et de développer chez lui le goût du beau et du vrai. **Les humanistes recherchent une explication du monde fondée**

sur la Raison. Ils favorisent le développement de la science moderne Sous l'impulsion de **Léonard de Vinci**, les mathématiques progressent et des machines extraordinaires, à l'origine de nos machines modernes, sont élaborées. **Copernic**, à contre-courant de l'opinion générale, donne une nouvelle idée du système solaire. Elle sera vérifiée en 1610 par les observations astronomiques de **Galilée**. Une médecine nouvelle naît grâce aux travaux d'anatomistes tels que **André Vésale**, médecin flamand considéré comme le fondateur de l'anatomie moderne, et **Ambroise Paré**, médecin français qui met au point la ligature des artères afin d'arrêter les hémorragies lors des opérations. L'humanisme a jeté les bases d'idées que les siècles suivants ont reprises comme la foi dans la puissance de la Raison et la croyance dans la valeur de l'individu.

L'étude des textes anciens conduit les humanistes à rénover leur propre langue. En 1539, **l'ordonnance de Villers-Cotterêts** institue « l'état civil » (enregistrement obligatoire des naissances, des mariages et des décès par les curés) et exige que les actes législatifs notariés et administratifs soient rédigés en français. La langue française acquiert ses lettres de noblesse par la publication en 1549 de *Défense et illustration de la langue française* par Joachim du Bellay. **La diffusion des idées humanistes** est facilitée par l'invention par **Gutenberg** des caractères mobiles d'imprimerie et par la création, à Paris, par François Ier, du Collège des lecteurs royaux, futur **Collège de France**.

Document 1. François Ier, un grand roi de la Renaissance

François Ier Jean Clouet (1527)

Roi de France de 1515 à 1547, François Ier est le premier souverain à être appelé « Majesté ». C'est un homme curieux des nouveautés de son temps et très soucieux de son image : c'est pour lui un moyen de gouvernement. Il se met en scène pour asseoir la majesté de sa fonction et accroître la gloire attachée à sa personne. En raison de sa taille (presque 2 m), il est souvent comparé à Hercule.

Il se présente comme le modèle du prince de la Renaissance défini par Machiavel dans *Le Prince* en 1532 : « Un prince doit aussi montrer du goût pour les talents, donnant l'hospitalité aux gens de talent et honorant ceux qui excellent en un art [...], se montrer un exemple d'humanité et de magnificence, en maintenant toujours ferme, cependant, la majesté de son rang, parce que ce point-là exige de n'être jamais oublié, en aucune circonstance. »

Document 2. Ordonnance de Villers-Cotterêts (extraits) 1539

François par la grâce de Dieu, roi de France, avons statué et ordonné ce qui suit :

Article 51 : Il sera fait registre des baptêmes qui contiendront le temps et l'heure de la naissance

Article 110 : Afin que l'on comprenne bien les arrêts de nos cours de justice, nous voulons et ordonnons qu'ils soient faits et écrits si clairement qu'il ne puisse y avoir aucune ambiguïté ou incertitude ni lieu à interprétation.

Article 111 : et parce que de tels problèmes sont souvent survenus sur la compréhension des mots latins, nous voulons dorénavant que tous arrêts, registres, enquêtes, contrats, testaments et autres actes de justice soient prononcés, enregistrés et délivrés en français et non autrement.

2. Les rois de France face aux guerres de Religion (1562-1598)

La Réforme religieuse **s'inscrit** dans le même mouvement de rénovation et de rupture que l'humanisme et la Renaissance par rapport à la tradition médiévale. Né en Allemagne en 1517 avec la protestation de Martin Luther contre les abus de l'Église, **le désir de réforme** parcourt la chrétienté occidentale et aboutit à **une rupture** avec l'Église établie. **En France,** la Réforme est issue de la réflexion de **Jean Calvin**, gagné aux idées de Luther, et débouche sur de **violents affrontements**.

Entre 1562 et 1598, **huit guerres de religion** se succèdent qui opposent les catholiques et les protestants, qu'on appelle aussi huguenots, avec une extrême violence – ceux qu'on appelle les protestants refusent de reconnaître l'autorité du pape et affirment la primauté de l'Écriture et de la foi. Ces guerres sont renforcées par l'affaiblissement du pouvoir royal. La mort du roi Henri II est, en effet, suivie d'une longue période de régence exercée par Catherine de Médicis, épouse d'Henri II qui règne à la place de ses fils mineurs, François II, Charles IX et Henri III. **Le massacre de la Saint-Barthélemy**, qui intervient à Paris dans la nuit du 23 au 24 août 1572, est sans doute l'un des épisodes les plus sanglants de l'histoire du XVIe siècle. En moins d'une journée, 3 000 protestants sont tués à Paris, et les massacres se poursuivent les jours suivants dans plusieurs villes de province.

DOCUMENT 3. *LE MASSACRE DE LA SAINT-BARTHÉLEMY*, LE 24 AOÛT 1572 PAR FRANÇOIS DUBOIS

Pour apaiser les tensions religieuses, le nouveau roi Henri IV promulgue l'édit de Nantes qui est un exemple unique de tolérance en Europe mais surtout un acte de réalisme politique de la part du roi. Par cet édit, le catholicisme est partout établi, mais les protestants obtiennent des garanties importantes, notamment une totale liberté de conscience, la liberté de culte dans certains lieux et l'égalité devant la loi avec les catholiques. Par ailleurs, l'accession à tous les emplois leur est garantie.

Document 4. Henri IV, roi de France (1593-1610)

Descendant de Saint Louis en ligne directe, **Henri de Bourbon,** roi de Navarre, le futur Henri IV, est désigné en 1589, comme son successeur par le roi Henri III qui meurt assassiné et sans enfant. Chef de file du parti protestant, il abjure le protestantisme le 25 juillet 1593, est sacré à Chartres le 24 février 1594 et entre triomphalement à Paris le 22 mars 1594.

Henri IV met fin aux guerres de Religion en signant, **en 1598, l'édit de Nantes** dont l'objectif est de ramener la paix en imposant la tolérance réciproque entre catholiques et protestants. Il est assassiné en 1610 par **Ravaillac**, un catholique qui n'avait pas accepté l'édit de Nantes.

Document 5. L'édit de Nantes (13 avril 1598), version simplifiée

Nous avons jugé nécessaire de donner maintenant à nos sujets une loi générale, claire, nette et absolue par laquelle ils soient réglés sur tous ces désaccords qui sont survenus entre eux.

Ordonnons que la Religion catholique sera remise en tous les lieux et endroits de notre royaume pour y être paisiblement et librement exercée, sans aucun trouble ou empêchement.

Avons permis et permettons à ceux de la Religion Prétendue Réformée de vivre et demeurer par toutes les villes et lieux de notre royaume sans être vexés, brutalisés ni astreints à faire chose contre leur conscience. L'exercice de la dite religion se pourra faire publiquement pour tous ceux qui voudront y aller.

Les Grandes Découvertes et les traites négrières aux Temps modernes

10

1. Les Grandes Découvertes et les conquêtes

Les Grandes Découvertes **sont un élargissement de l'espace géographique** à partir de l'Europe vers les autres continents qui se produit pendant une courte période (de la fin du XVe siècle au milieu du XVIe siècle) mais les conséquences de cette expansion sont encore visibles aujourd'hui. Pendant cette période, **les Européens parcourent le monde en tous sens** (Christophe Colomb arrive en Amérique en 1492, Vasco de Gama franchit le cap de Bonne-Espérance en 1498, Magellan effectue le premier tour du monde de 1519 à 1522). Ils reconnaissent tous les territoires de la planète accessibles aux marins, établissent des contacts réguliers avec les autres sociétés humaines, auparavant isolées les unes des autres. Les Français, tard venus dans l'exploration et la conquête, vont néanmoins y participer grâce à Jacques Cartier et implanter des établissements durables au Canada sous le règne de François Ier.

Les Grandes Découvertes s'expliquent par différents facteurs : l'accumulation des connaissances géographiques cartographiées dans les portulans (cartes), des exigences religieuses qui s'inscrivent dans la logique de la *Reconquista* (reconquête par les catholiques de l'Espagne musulmane), des motivations géopolitiques (la poussée de l'islam en Méditerranée) et économiques (volonté de se procurer des épices et de l'or à moindre coût), des innovations techniques héritées du Moyen Âge méditerranéen comme l'astrolabe et la mise au point de navires maniables et rapides comme la caravelle.

Mais ces découvertes ne constituent pas une véritable rupture avec le Moyen Âge. En effet, le premier « grand voyageur », **Marco Polo**, atteint la Chine à la fin du XIIIe siècle, y reste près de vingt ans (1271-1291) et raconte qu'on y trouve de l'or et des épices en abondance.

2. Les empires coloniaux

Grâce aux Grandes Découvertes, **la représentation du monde** est bouleversée et l'espace géographique s'élargit de façon considérable, provoquant une redistribution des forces économiques et politiques. Les centres vitaux du commerce et de l'argent de la Méditerranée se déplacent vers **l'Atlantique**, assurant la fortune de ports comme Séville, Amsterdam et Anvers. Les royaumes ibériques divisent le Nouveau Monde au traité de Tordesillas en 1494 et des empires coloniaux portugais et espagnol se constituent.

Les *conquistadores* se partagent les tribus indiennes et exploitent les métaux précieux par la technique très primitive de l'orpaillage (travail qui consiste à recueillir les paillettes d'or par lavage dans les fleuves ou les terres aurifères), en contraignant les Indiens au travail. Les Indiens meurent par millions à cause des guerres liées aux conquêtes, du travail forcé, mais aussi des maladies d'origine pulmonaire transmises par les *conquistadores*.

On a pu parler de « destruction des Indes ». Le massacre des Indiens est dénoncé très rapidement par Bartolomé de Las Casas (1474-1566). Pour remplacer la main-d'œuvre indienne qui s'épuise au travail forcé, les Européens font venir des Africains. La traite occidentale commence.

DOCUMENT 1. LES GRANDS VOYAGES DE DÉCOUVERTES

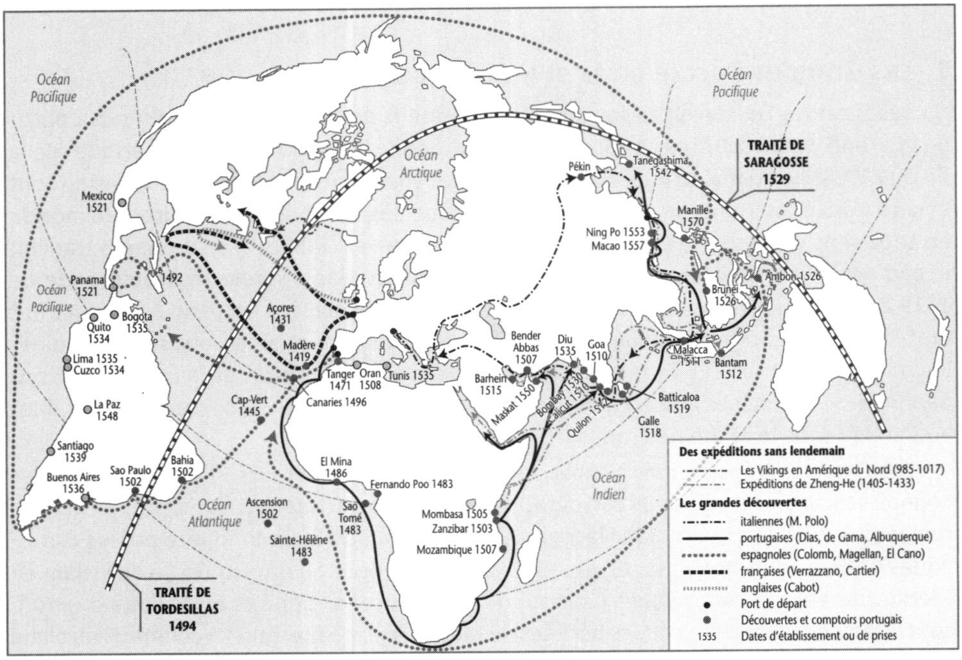

3. La traite occidentale

Aujourd'hui les historiens distinguent **trois types de traites** : la traite orientale qui utilise des voies commerciales traversant le Sahara, la mer Rouge et la Méditerranée, la traite infra-africaine qui aurait concerné un nombre important d'esclavesau Moyen Âge et la traite occidentale. La France et plus largement l'Europe sont essentiellement concernées par la traite occidentale.

La traite occidentale se fait en deux temps.

- **Du milieu du XVe siècle au milieu du XVIIe siècle, elle est modeste** car les Européens n'ont pas encore commencé la mise en place des grands systèmes de plantations en Amérique. Cependant, le commerce entre Européens et Africains est diversifié : les premiers vont chercher en Afrique de l'or, de l'ivoire, du poivre et quelques esclaves. En échange, ils apportent des marchandises variées, dont des comestibles.
- **À partir de la fin du XVIIe siècle,** c'est-à-dire de la mise en place du système de plantations, **les esclaves noirs arrivent en masse** pour des raisons à la fois politiques et économiques (les colonies doivent fournir des matières premières à la métropole).

Par ailleurs, à la fin du XVIIe siècle, l'Afrique dispose d'un nombre important d'esclaves issus de conflits militaires et encore faiblement employés sur place. **La traite occidentale se développe 1 000 ans après la traite orientale**, prend les routes de ce qu'on appelle **le commerce triangulaire** :

- produits européens vers l'Afrique comme les textiles, les haches, les métaux, les vins et spiritueux, les armes, les produits de luxe, la « guinéaillerie » ne représentant que 10 % de la cargaison de traite ;
- captifs africains vers les colonies ,
- produits tropicaux vers l'Europe.

Ce fructueux commerce triangulaire se fait à partir des ports français (comme Nantes, Bordeaux), anglais (comme Liverpool) ou hollandais (comme Anvers) vers l'Afrique (Dakar, Gorée).

Info en +

Le terme de traite occidentale est plus juste que le terme de traite atlantique car des esclaves noirs ont été également déportés en direction des colonies de plantations européennes de l'océan Indien.

mots-clés

La traite des Noirs

L'esclavage existe depuis la plus haute Antiquité. Il y avait des esclaves noirs en Égypte, en Grèce, à Carthage et à Rome. À Rome, les esclaves étaient exclus de la société mais pouvaient être affranchis. La conquête musulmane joue un rôle important dans « l'invention de la traite ». L'extension de l'Empire musulman provoquant un nombre croissant de captifs, l'esclavage devient une institution. La *charia* interdisant de réduire à la condition servile de vrais musulmans, tout « Infidèle » est un esclave potentiel. Les captifs noirs étant les plus nombreux, l'image du Noir se dévalorise peu à peu et cette dévalorisation participe à son tour à la légitimation de la traite dont l'Empire a besoin et qui est liée à la demande importante de main-d'œuvre.

La traite n'est pas l'esclavage. L'historien Olivier Pétré-Grenouilleau donne 5 critères pour définir la traite des Noirs, ce qu'il appelle **« l'engrenage négrier »** :

- l'existence de réseaux d'approvisionnement en captifs relativement organisés et stables, capables d'en drainer un nombre significatif ;
- l'incapacité des populations serviles à se maintenir de manière naturelle ;
- la dissociation très nette entre le lieu de production et le lieu d'utilisation des captifs ;
- le rôle essentiel joué par l'échange tributaire ou marchand ;
- l'assentiment d'entités politiques ayant des intérêts convergents appartenant aux aires africaine, musulmane, américaine et européenne.

4. Les acteurs des traites

Les esclaves sont des captifs de guerre, issus des conflits entre ethnies, des victimes d'enlèvements ou sont échangés pour le règlement d'une dette. Les esclaves sont aussi quelquefois **des enfants abandonnés et vendus**. Les personnes qui profitent de la traite sont les guerriers professionnels et les membres de l'élite politique des États guerriers.

Pour la traite occidentale, **des Européens** interviennent à des niveaux divers. La traite étant un commerce demandant un fort investissement à la base, **de riches armateurs**, officiers proches de la royauté en France, financiers confirmés y participent. En 1674, les

Français et les Anglais créent **des compagnies spécialisées** pour développer les plantations de sucre aux Antilles. Ce commerce nécessite aussi la présence d'un **personnel maritime particulier** utilisé sur les **navires négriers** où les conditions de détention des esclaves sont très dures, le taux de mortalité moyen étant de 10 à 20 % avec des pics à 40 %.

Les traites perdurent car **de nombreux marchés aux esclaves existent dans les aires culturelles majeures de l'époque** (Islam, Afrique noire, Europe chrétienne moderne) et en bout de chaîne, **des musulmans, animistes et chrétiens achètent des esclaves**.

Le racisme anti-noir, en terre d'islam comme en terre chrétienne est actuellement reconnu comme une **conséquence des traites** et non comme un préalable. L'histoire des abolitionnismes montre, par ailleurs, la complexité des enjeux moraux, sociaux et économiques de ce trafic particulier.

Le bilan des traites est tragique : 11 millions de personnes ont été déportées vers l'Europe, l'Amérique et les îles de l'Atlantique entre 1450 et 1870. Les traites sont aujourd'hui un enjeu de mémoire.

Une monarchie absolue de droit divin

11

Info en +

La monarchie est absolue quand le roi dispose de tous les pouvoirs, elle est de droit divin quand le roi tient son pouvoir de Dieu.

1. La montée de l'absolutisme

Avec la paix, la France retrouve la prospérité. Henri IV réaffirme le pouvoir du roi et, aidé par son ministre **Sully**, encourage l'essor de l'agriculture et réalise de grands travaux à Paris comme la construction du Pont-neuf qui s'achève en 1606. C'est le début du « second absolutisme » dans lequel s'inscrivent les règnes de Louis XIII par l'action du cardinal de Richelieu et plus tard de Louis XIV.

D'abord destiné à la carrière des armes, Richelieu, devenu évêque de Luçon est remarqué par la reine Marie de Médicis, mère de Louis XIII. Secrétaire d'État en 1616, il devient ministre de Louis XIII, entre au Conseil du roi en 1624 et reste au pouvoir jusqu'à sa mort en 1642.

Richelieu poursuit un double but : la restauration de l'autorité royale et l'établissement de la prépondérance française en Europe. En réduisant les nobles à l'obéissance, en ruinant le parti protestant et en relevant le prestige du roi à l'étranger, Richelieu prépare le terrain à l'établissement de l'absolutisme.

À la mort de Louis XIII en 1643, le futur Louis XIV n'a que cinq ans. Pendant sa minorité, la régence est exercée par sa mère, Anne d'Autriche, et par son parrain, le cardinal Mazarin. La France est en guerre contre l'Espagne et connaît les **troubles de la Fronde**. Même si la situation se retourne en faveur de Mazarin, Louis XIV garde une grande amertume de cette période ce qui peut expliquer qu'il ait cherché à affirmer son pouvoir face aux nobles tout au long de son règne.

DOCUMENT 1. LOUIS XIV

Louis XIV, « le Roi-Soleil », bénéficie du plus long règne de l'histoire de France (72 ans) et exerce personnellement le pouvoir pendant 54 ans (1661-1715). On connaît la personnalité du roi essentiellement par ses *Mémoires* destinés à l'instruction du Dauphin. Louis XIV reçoit une éducation peu soignée, plus pragmatique que livresque. Le cardinal Mazarin l'autorise à assister au conseil en tant que témoin muet, ce qui lui permet d'apprendre l'Europe dans toutes ses intrigues.

De sa mère, Anne d'Autriche, d'origine espagnole, Louis XIV hérite le goût du secret, de la prière, de la magnificence et de l'étiquette. **De son grand-père, Henri IV,** il hérite d'une puissante vitalité, d'une excellente santé qui lui permet de consacrer des journées de seize à dix-huit heures à étudier des dossiers, à s'informer, à recevoir, à paraître.

Le roi s'est fait très tôt une haute idée de la fonction que le Ciel lui a assignée. Bossuet dira de lui : « Tout l'État est en lui ; la volonté de tout le peuple est renfermée dans la sienne » ou « La nation ne fait pas corps en France. Elle réside tout entière dans la personne du roi. »

Louis XIV est aussi servi par ses qualités personnelles : il a une véritable passion pour le pouvoir et en assume tous les devoirs, dont celui d'un travail régulier qu'il fournit jusqu'à sa mort.

2. Les fondements du pouvoir

Le règne de Louis XIV s'inscrit dans un siècle, le XVIIe, qui voit l'essor des idées absolutistes et à une affirmation de la théorie de monarchie de droit divin et de l'État, dont le roi est le premier serviteur.

> Info en +
>
> Ces idées sont développées par Jean Bodin dans son ouvrage *Les Six Livres de la République,* 1576 ; par Le Bret dans son ouvrage *Traité de la souveraineté du roi, 1632* ; par Bossuet dans son traité *Politique,* tiré des paroles de l'Écriture sainte.

À ce sujet, on peut retenir les paroles de Louis XIV sur son lit de mort : « Je m'en vais, mais l'État demeurera toujours. » **Source de tout pouvoir, le roi possède une compétence illimitée et intervient dans tous les domaines.** À l'origine de toute législation, le roi crée les officiers, a le monopole de l'émission de la monnaie, lève les impôts, décide de la paix et de la guerre et a le dernier mot en matière de justice. Il légifère par ordonnances (lois portant sur plusieurs domaines), édits (lois ne concernant qu'un seul domaine) ou arrêts du conseil. En matière de justice, il peut utiliser, selon « son bon plaisir », la lettre de cachet (Ordre du roi de faire emprisonner un de ses sujets).

> info en +
>
> **Qu'est-ce que la monarchie absolue ?**
>
> On peut se référer à Louis XIV et Louis XV pour préciser ce que ces rois entendent par « pouvoir absolu ». Dans ses *Mémoires*, Louis XIV écrit que le roi « ne doit compte de ses actions à personne », ce qui lui confère une certaine « hardiesse d'esprit ». Et même, en 1766, face à l'opposition parlementaire, Louis XV définit ainsi la monarchie absolue : « C'est en ma personne seule que réside la puissance souveraine ».
>
> Étymologiquement, le prince absolu est le prince délié des lois, mais ce sens premier se trouve en contradiction avec la reconnaissance par le roi des lois fondamentales du royaume.

3. La mise en scène du pouvoir, Versailles et la Cour

L'art est soumis à la volonté du roi qui demande aux meilleurs artistes de son temps. Le Nôtre, Le Brun, Mansart de lui construire un palais digne de lui. Il décide de transformer le pavillon de chasse de son père, Louis XIII, en une résidence pour lui et pour la cour. Les travaux qui commencent en 1661 se poursuivent pendant tout le règne et font de Versailles l'instrument de la grandeur du roi.

Chef-d'œuvre du classicisme et miroir de l'absolutisme, Versailles constitue, par sa conception et sa réalisation, un modèle pour toute l'Europe. L'influence de Versailles est importante dans la diffusion de l'art français (Prusse, Autriche, Russie, Suède…) et dans l'attrait exercé par la vie de cour imposée par le roi aux nobles et aux Grands du royaume. **La cour de Versailles est à la fois un outil politique de domination sociale et « une mécanique »** (expression de Saint-Simon, auteur des *Mémoires),* réglée sur l'emploi du temps du roi. Pour Louis XIV, il s'agit de réduire les Grands à l'obéissance, de les transformer en courtisans fidèles à sa cause. La réglementation de la cour **(l'étiquette)**, les préséances, les privilèges et les exemptions deviennent les lois de l'État.

DOCUMENT 2. LE CHÂTEAU DE VERSAILLES

4. Un appareil d'État perfectionné au service du roi

Louis XIV installe son gouvernement dans une aile du château de Versailles, près de ses appartements privés. Dès 1661, à la mort de Mazarin, le roi annonce au conseil qu'il ne prendra pas de Premier ministre. Il dirige seul la politique du royaume mais s'entoure d'un appareil de gouvernement perfectionné qui repose sur trois organes essentiels : les ministres, les conseils et les intendants dans les provinces.

Les ministres

Peu nombreux, les ministres sont choisis dans la haute bourgeoisie. Parmi eux, le chancelier, qui dirige la Justice, le contrôleur général des finances assuré par Colbert qui s'occupe des finances mais aussi des travaux publics, de l'industrie, du commerce, de la police et de l'administration. Le gouvernement compte aussi quatre secrétaires d'État : à la guerre, à la marine, à la diplomatie et à la maison du roi.

Les conseils

Louis XIV gouverne avec plusieurs Conseils dont le plus important est le Conseil d'État ou Conseil d'En Haut, auquel participe le chancelier qui préside à la justice, le contrôleur général des finances, les secrétaires d'État à la guerre, à la marine, à la diplomatie (l'équivalent d'un ministre des Affaires étrangères), à la maison du roi.

Le roi nomme ses ministres mais **s'entoure aussi d'exécutants** recrutés dans des familles originaires du Bassin parisien (conseillers d'État et maîtres de requêtes). À côté du Conseil d'En Haut apparaissent des **conseils spécialisés** comme le Conseil des finances, le Conseil des dépêches et le Conseil des parties qui aident le roi dans ses attributions judiciaires.

Les intendants

Représentant le roi dans les provinces, les intendants sont des **commissaires** qui dépendent directement de lui et, à la différence des officiers, ne sont pas propriétaires de leur charge. Créés au XVIe siècle, sous le règne d'Henri II, les intendants puis les subdélégués, enquêteurs et administrateurs deviennent des fonctionnaires permanents, à poste fixe et à la tête d'une généralité, sous le règne de Louis XIV. Intendants de justice, police, finances, ils peuvent prendre les initiatives qu'exige la situation sans en référer au roi, mais doivent lui fournir des rapports précis et documentés.

5. Louis XIV affirme son pouvoir dans tous les domaines

Sur le plan économique

La politique économique, appelée aussi mercantilisme (développement du commerce par le moyen de métaux précieux qui sont la base de la richesse de l'État), mise en œuvre par Colbert consiste à agir sur les finances publiques en augmentant les recettes. Cette politique se développe dans quatre directions : **la réglementation des tarifs douaniers** dans un sens protectionniste, **la création d'un système des manufactures royales** comme celle des Gobelins ou de Saint-Gobain pour protéger les industries françaises et répondre à la demande extérieure, **le développement d'un réseau de transports** essentiellement aux alentours de Paris et de Lyon, **la fondation de compagnies commerciales et coloniales** comme les Compagnies des Indes occidentales en 1662, des Indes orientales en 1664, du Nord en 1669.

Sur le plan social

La société française, composée de trois ordres : le clergé (1 % de la population), la noblesse (2 %) et le tiers état (97 %) est réduite à l'obéissance. Louis XIV attire les nobles à la cour et leur verse des pensions pour en faire ses obligés. Les nobles cessent de se révolter et ceux qui restent en province doivent rendre des comptes aux intendants, qui répriment aussi les soulèvements populaires. Les chefs sont condamnés à mort ; les émeutiers, pris les armes à la main, sont envoyés aux galères

Sur le plan religieux

Depuis le concordat signé entre le pape Léon X et François Ier en 1516, le roi de France nomme les évêques et les prêtres, et le pape leur accorde l'investiture canonique. En raison de cette indépendance vis-à-vis du pape, on parle d'**« Église gallicane »** à propos de l'Église de France. La recherche de l'unité de foi conduit le roi à poursuivre les protestants. Cette lutte aboutit à la révocation **de l'édit de Nantes** par l'édit de Fontainebleau, en 1685, ce qui provoque l'émigration de nombreux protestants, notamment vers la Suisse, les Pays-Bas et l'Allemagne. Toutefois, le protestantisme ne disparaît pas complètement, comme le montre la révolte des Camisards cévenols à la fin du règne.

Info en +

Camisards : nom donné aux protestants des Cévennes parce qu'ils auraient porté une chemise blanche par-dessus leurs vêtements.

Sur le plan artistique et culturel

L'État s'impose aussi en diffusant le français sur l'ensemble du territoire. Depuis 1539, le français étant la langue de l'administration royale, les provinces acquises pendant le règne de Louis XIV comme la Flandre, l'Alsace et le Roussillon sont dans l'obligation de l'utiliser. L'Académie française qui joie le rôle de conservatoire et de perfectionnement de la langue à partir de 1635, fait paraître, en 1694 un dictionnaire proposant, pour chaque mot, des définitions suivies d'exemples.

Mécène, Louis XIV pensionne les gens de lettres comme **Molière, Racine et Corneille**. Dans le domaine architectural, il impose l'art classique dont le palais de Versailles est la réalisation la plus aboutie.

En Europe

Le règne de Louis XIV est marqué par la guerre. Dès 1667, mais surtout à partir de 1672, le roi s'engage dans des conflits de plus en plus lourds qui ont des conséquences sur la société française tout entière. Pour que le passage des armées soit moins pénible pour les habitants, l'État crée, en 1688, la milice royale sur le principe de la conscription et construit des casernes pour accueillir les soldats. Avec l'aide de Vauban, Louis XIV installe la protection du territoire et entreprend une politique de « réunions » qui se fait au détriment de l'Empire germanique et des Pays-Bas espagnols et qui lui permet, par exemple d'annexer Strasbourg en 1661. L**e « pré carré » agrandi et défendu par les citadelles de la frontière de fer** contribue à assurer la paix intérieure au siècle suivant. Toutefois, par leur durée et leur coût, les guerres ont multiplié les difficultés économiques et financières de la fin du règne.

Info en +

L'expression « pré carré » est de Vauban qui conseille au roi de renforcer la frontière du Nord, dont le tracé est trop irrégulier, par l'annexion de villes dont il fait des places fortes.

6. Les limites de l'absolutisme

Louis XIV exerce un pouvoir absolu mais non sans limites. Les freins à l'absolutisme sont de trois ordres : les lois fondamentales du royaume, les contre-pouvoirs et les privilèges et libertés.

Les lois fondamentales du royaume

La monarchie française fonde son pouvoir sur la coutume. Les lois fondamentales du royaume se sont peu à peu précisées depuis le Moyen Âge. Elles concernent les règles de transmission de la couronne – inaliénabilité de la couronne, exclusion des filles du trône, exclusion des mâles descendant des filles, primogéniture des mâles, exclusion des hérétiques – et le domaine royal – Inaliénabilité et imprescriptibilité du domaine. Le roi n'a pas la capacité de changer ce qui a été réglé comme statut public du royaume.

Les contre-pouvoirs, les privilèges et libertés

Les Parlements qui, sous l'Ancien Régime sont des cours de Justice, **ont le droit de présenter des « remontrances »**, c'est-à-dire des critiques au roi à propos d'une loi. Toutefois, c'est le roi qui a le dernier mot au cours d'une séance appelée « lit de justice ».

Le roi doit respecter les privilèges du clergé comme la perception de la dîme, de la noblesse (droits seigneuriaux), ceux des villes qui sont exemptes du paiement de la taille et des provinces qui ont conservé des états provinciaux.

Dans les provinces, on distingue les « pays d'élections », où l'impôt est fixé par l'intendant, **et les « pays d'États »,** où l'impôt est fixé par des « États » réunissant des représentants des trois ordres (noblesse, clergé, tiers état). S'il a besoin d'argent, le roi peut réunir les **États généraux**, c'est-à-dire les représentants des trois ordres de toutes les provinces. Mais plus la monarchie se renforce, moins elle convoque les États généraux (Leur dernière convocation, avant celle de 1789, date de 1614).

La remise en cause de l'Ancien Régime au XVIIIe siècle

12

1. Le mouvement des Lumières

Les Lumières sont un mouvement qui traverse tout le XVIIIe siècle mais qui n'est pas limité à la France, même si les plus grands philosophes sont français. Elles ne constituent pas une doctrine systématique, mais tous les philosophes partagent la même attitude d'esprit, fondée sur la raison et sur l'expérience, et appuyée par le mouvement scientifique de l'époque. Le siècle des Lumières est aussi le siècle d'une croyance dans le progrès, progrès des connaissances, des techniques et, selon Condorcet, de « l'esprit humain ».

Ils passent au crible de la raison toutes les idées reçues, n'acceptant pour vérité que ce qui est vérifié par l'observation et l'expérience, condamnent l'ignorance et le fanatisme qui engendrent superstitions et préjugés, contestent l'absolutisme, en dénoncent les abus et montrent que d'autres formes de gouvernement existent dans lesquelles la liberté et l'égalité peuvent être mises en œuvre. Cette phrase de Voltaire pourrait résumer l'esprit des Lumières : « Je ne partage pas tes opinions, mais je suis prêt à donner ma vie pour te permettre de les exprimer et de les vivre librement. »

Document 1. Les Lumières définies par Condorcet

> En France, Bayle, Fontenelle, Voltaire, et les écoles formées par ces hommes célèbres combattirent en faveur de la vérité, employant tour à tour toutes les armes que l'érudition, la philosophie, l'esprit, le talent d'écrire peuvent fournir à la raison ; prenant tous les tons, employant toutes les formes, depuis la plaisanterie jusqu'au pathétique, depuis la compilation la plus savante et la plus vaste jusqu'au roman et au pamphlet du jour ; couvrant la vérité d'un voile qui ménageait les yeux trop faibles et laissait le plaisir de la deviner ; caressant les préjugés avec adresse pour leur porter des coups plus certains ; n'en menaçant presque jamais ni plusieurs à la fois, ni même un seul tout entier ; consolant quelquefois les ennemis de la raison, en paraissant vouloir dans la religion qu'une demi-tolérance, dans la politique qu'une demi-liberté ; ménageant le despotisme quand ils combattaient les absurdités religieuses, et le culte quand ils s'élevaient contre la tyrannie ; attaquant ces deux fléaux dans leur principe, quand même ils paraissaient n'en vouloir qu'à des abus révoltants ou ridicules, et frappant ces arbres funestes dans leurs racines, quand ils semblaient se borner à en élaguer quelques branches égarées [...] ; mais ne se lassant jamais de réclamer l'indépendance de la raison, la liberté d'écrire, comme le droit, comme le salut du genre humain ; s'élevant avec une infatigable énergie contre tous les crimes du fanatisme et de la tyrannie ; poursuivant, dans la religion, dans l'admiration, dans les mœurs, dans les lois, tout ce qui portait le caractère de l'oppression, de la dureté de la barbarie ; ordonnant, au nom de la nature, aux rois, aux guerriers, aux magistrats, aux prêtres, de respecter le sang des hommes ; leur reprochant avec une énergique sévérité celui que leur politique ou leur indifférence prodiguait encore dans les combats ou dans les supplices ; prenant enfin pour cri de guerre : raison, tolérance, humanité.
>
> Condorcet, *Esquisse d'un tableau historique des progrès de l'esprit humain*, Masson, Paris, 1822.

Partie 3

2. Les philosophes des Lumières

La pensée des Lumières s'élabore pendant la première moitié du XVIIIe siècle avec notamment la diffusion des idées de Newton ou d'ouvrages comme le *Dictionnaire critique* de Pierre Bayle, du *Traité sur la Tolérance* de Locke. De 1748 à 1762, les grands philosophes écrivent des œuvres majeures dans lesquelles ils exposent leurs idées :

Montesquieu, dans son œuvre maîtresse, *L'Esprit des lois*, publiée en 1748, montre son mépris pour la tyrannie et le despotisme et en dénonce les abus. Son idéal est la modération et la liberté. Selon lui, il y a trois espèces de gouvernements : le républicain, le monarchique et le despotique. La liberté politique ne peut fonctionner que dans un gouvernement modéré et l'équilibre des trois pouvoirs permet de la garantir.

L'Encyclopédie est née d'un projet de traduction de la *Cyclopaedia* de Chambers, parue en 1727, qui avait connu un grand succès en Angleterre. **Diderot** et **D'Alembert** prennent le parti de rédiger un ouvrage nouveau qui se veut un « système des connaissances humaines ». Son importance historique réside dans le fait qu'en présentant au public le savoir de l'époque, les philosophes expriment aussi l'état d'esprit des Lumières : celui d'un regard critique dans tous les domaines, y compris le politique et le religieux. *L'Encyclopédie* n'est donc pas seulement un dictionnaire : elle inspire aussi le débat politique.

Document 2. Pages de l'Encyclopédie (XVIIIe siècle)

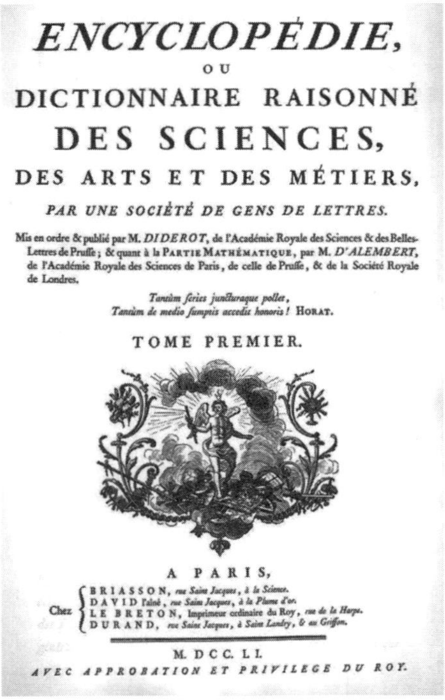

ENCYCLOPÉDIE,
OU
DICTIONNAIRE RAISONNÉ
DES SCIENCES,
DES ARTS ET DES MÉTIERS,
PAR UNE SOCIÉTÉ DE GENS DE LETTRES.

Mis en ordre & publié par M. *DIDEROT*, de l'Académie Royale des Sciences & des Belles-Lettres de Pruſſe ; & quant à la PARTIE MATHÉMATIQUE, par M. *D'ALEMBERT*, de l'Académie Royale des Sciences de Paris, de celle de Pruſſe, & de la Société Royale de Londres.

Tantùm ſeries juncturaque pollet,
Tantùm de medio ſumptis accedit honoris ! HORAT.

TOME PREMIER.

A PARIS,
Chez
BRIASSON, *rue Saint Jacques, à la Science.*
DAVID l'aîné, *rue Saint Jacques, à la Plume d'or.*
LE BRETON, Imprimeur ordinaire du Roy, *rue de la Harpe.*
DURAND, *rue Saint Jacques, à Saint Landry, & au Griffon.*

M. DCC. LI.
AVEC APPROBATION ET PRIVILEGE DU ROY.

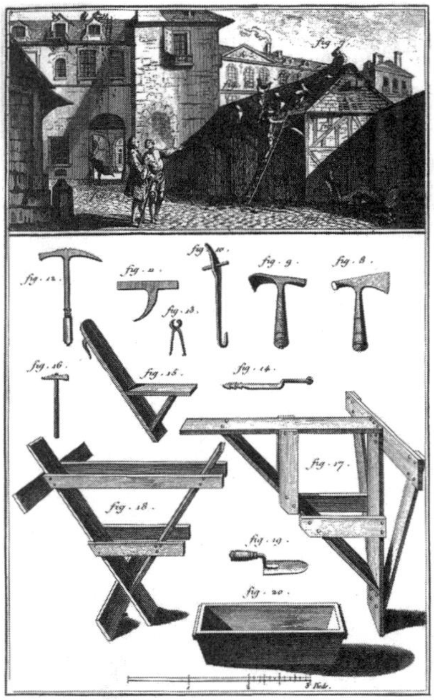

Couvreur.

Philosophe, mathématicien, Condorcet (1743-1794) est l'auteur d'un *Essai sur le calcul intégral* (1765) et sur le *Problème des trois corps* (1767). Il entre à l'Académie des sciences en 1769 et en devient le secrétaire. Disciple des physiocrates, il rédige des articles d'économie politique pour *l'Encyclopédie*. Député à l'Assemblée législative et à la

Convention, Condorcet propose **un projet de réforme de l'instruction publique (1792)**. Arrêté au moment de la Terreur, c'est en prison qu'il écrit son œuvre principale *Esquisse d'un tableau historique des progrès de l'esprit humain*.

Né à Genève dans une famille modeste, Jean-Jacques Rousseau (1712-1778) arrive à Paris en 1742 et devient l'ami des encyclopédistes. Hébergé chez Mme d'Épinay, il publie de nombreux essais. Dans *Du contrat social*, qui résume sa pensée politique, Jean-Jacques Rousseau montre que le « pacte social », contrat librement accepté par les citoyens, leur assure la liberté et l'égalité. **Les citoyens doivent alors se soumettre à « la volonté générale »**. Selon Rousseau, la volonté générale est juste et droite puisqu'elle se donne pour objectif l'intérêt public. Enfin, seule la volonté générale a le droit de faire et de défaire les lois. **Le *Contrat social* aura une grande influence chez des révolutionnaires comme Danton et Robespierre**, qui s'en inspireront pour rédiger la Déclaration des droits de l'homme et du citoyen de 1793 et la Constitution de 1793.

Parmi les philosophes des Lumières, Voltaire tient une place à part. C'est un « citoyen » au sens plein du terme, c'est-à-dire quelqu'un qui s'engage dans la « cité » en en dénonçant les injustices et les inégalités. De son vrai nom François-Marie Arouet (1694-1778), Voltaire est le fils d'un notaire. Emprisonné à la Bastille à deux reprises durant sa jeunesse, il vit quelques années en Angleterre puis il revient à Paris où il touche à tous les genres littéraires : la philosophie avec *Les lettres philosophiques* ou *Traité sur la tolérance*, le théâtre, la poésie, l'histoire. **Menacé à cause de ses critiques de l'Église et de l'absolutisme**, il s'installe à Berlin auprès du roi de Prusse, Frédéric II puis à Ferney près de Genève où il écrit librement et défend les causes qui lui semblent justes comme l'affaire Calas. Il meurt à 84 ans au sommet de sa gloire.

3. La diffusion des Lumières

L'esprit des Lumières se diffuse en France et en Europe grâce à la presse, aux salons, aux clubs, aux loges maçonniques, aux académies provinciales et aux cafés. À Paris, de grandes dames de l'aristocratie ou de la haute bourgeoisie comme Mme de Lambert, Mme du Deffand et Mme Geoffrin tiennent des salons qui réunissent philosophes et savants et où l'on aborde les questions politiques. Dans les clubs réservés aux hommes et dans les cafés, on lit et on commente les gazettes. **En province, dans les sociétés de pensée** (chambres de lecture, académies, loges de francs-maçons), on discute philosophie, science mais aussi politique. Ces institutions forment un véritable réseau lié par des correspondances, la lecture des mêmes journaux et des mêmes livres, la participation aux mêmes débats.

Les Lumières touchent surtout les citadins aisés (notables, clercs, nobles et bourgeois) mais parviennent aussi dans les milieux populaires. **La pensée des philosophes est ambitieuse et porteuse d'un réel optimisme** puisqu'elle repose sur la foi dans l'homme, dans le progrès, dans l'avenir. Son impact sera considérable.

Partie 4

La Révolution française et le XIXe siècle. L'expansion industrielle et urbaine, la construction de la République et de la démocratie

problématique

Comment expliquer la Révolution française ? Quelles dont les principales étapes qui mènent de la monarchie constitutionnelle, à la Ire République et à l'Empire ? Quelles sont les causes, les manifestations et les conséquences de la situation d'expansion que connaît la France au XIXe siècle ? Comment se construisent au XIXe la République et la démocratie ?

événements et dates-clés

14 juillet 1789	Prise de la Bastille
26 août 1789	Déclaration des droits de l'homme et du citoyen
22 septembre 1792	Proclamation de la Ire République, victoire de Valmy
1792-1804	Ire République
1793-1794	La Terreur
1795	Adoption du système métrique en France
18 brumaire 1799	Coup d'État de Napoléon Bonaparte, début du Consulat
1800	Création de la Banque de France
1802	Création des Lycées
1804-1815	Premier Empire
1804	Napoléon Ier, empereur des Français
1804	Publication du Code civil
1805	Défaite de Trafalgar (octobre) et victoire d'Austerlitz (décembre)
1812	Retraite de Russie
1815	Défaite de Waterloo et chute de Napoléon
1830	Première ligne de chemin de fer (Lyon-Saint-Étienne)
1830-1852	Conquête de l'Algérie
1833	Loi Guizot sur l'école
1840-1860	Première phase de la croissance industrielle
1841	Interdiction du travail des enfants de moins de huit ans
1848-1852	IIe République
1848	Instauration du suffrage masculin et abolition de l'esclavage aux colonies
1852-1870	Second Empire
1864	Instauration du droit de grève
1884	Instauration de la liberté syndicale
1885	Pasteur met au point le vaccin contre la rage
1889	Édification de la tour Eiffel en lien avec le centenaire de la Révolution
1895	Création de la CGT (Confédération générale du travail)
1900	Exposition universelle à Paris
1903	Marie Curie obtient le prix Nobel de physique et en 1911 le prix Nobel de chimie
1870-1914	Début de la IIIe République

1871	La Commune de Paris
1875	Lois constitutionnelles qui fondent la IIIe République
1881-82	Lois scolaires (Jules Ferry)
1898	« J'accuse » de Zola à propos de l'affaire Dreyfus
1901	Loi sur les associations
1905	Loi de séparation des Églises et de l'État

mots-clés

Cahiers de doléances : (de *dolere* souffrir en latin), cahiers destinés au roi où sont consignés les vœux et les plaintes de Français.

États généraux : assemblée convoquée par le roi qui réunit les représentants des trois ordres du royaume.

Droits féodaux : droits des seigneurs qui pèsent sur les paysans (taxes, corvées, justices seigneuriales, droits exclusifs de chasse...).

Constitution : ensemble des lois qui déterminent comment un État est gouverné.

Garde nationale : le groupement de citoyens bénévoles chargés de maintenir l'ordre dans une ville.

Suffrage censitaire : le droit de vote réservé à ceux qui paient un impôt important (les plus riches).

Fédérés : Gardes nationaux des provinces.

Sans-culotte : un habitant du petit peuple des villes. Il porte le pantalon et non la culotte comme les nobles et les bourgeois.

Girondins : groupe de députés à la Convention. Ils défendent la République mais se méfient du peuple.

Montagnards : groupe de députés à la Convention appelés ainsi car ils siégeaient en haut des gradins. Ils sont plus proches du peuple que les Girondins.

Comité de salut public : gouvernement nommé par la Convention pour prendre des mesures rapides face aux dangers qui menacent la République.

Levée en masse : le service militaire obligatoire pour tous les hommes célibataires de 18 à 25 ans.

Coup d'État : la prise du pouvoir dans un État en utilisant la force.

Préfet : le représentant de l'État dans le département.

Concordat : un accord entre un État et le pape sur les questions religieuses.

Code civil : recueil de lois qui fixe les règles des relations entre les personnes, il est quelquefois appelé Code Napoléon.

Club : une association dont les membres se réunissent régulièrement pour débattre de sujets politiques (exemples sous la Révolution le club des Jacobins ou des Cordeliers).

Conscription : service militaire obligatoire.

Sentiment national : sentiment d'appartenir à une nation, à un peuple.

Métallurgie : industrie du métal (elle comprend la sidérurgie qui est l'industrie du fer).

Capital : l'argent et le matériel (bâtiments, machines...) nécessaires pour fonder et faire fonctionner une entreprise. Un capitaliste est celui qui possède un capital important.

Action : petite part d'une entreprise. Celui qui la possède touche une partie des bénéfices de l'entreprise.

Exode rural : départ définitif des habitants des campagnes pour les villes.

Syndicat ouvrier : association constituée par les ouvriers pour défendre leurs intérêts et leurs revendications face aux patrons.

Classes moyennes : populations ayant un revenu intermédiaire entre les pauvres et les riches.

socialisme : idéologie politique qui condamne les inégalités sociales et cherche les moyens de les réduire ou de les supprimer.

Libéralisme économique : idéologie qui s'oppose à l'intervention de l'État dans les domaines économique et social au nom de la liberté de l'entreprise.

Monarchie constitutionnelle : régime où le pouvoir du roi est limité par une constitution ou une Charte.

Plébiscite : consultation du peuple où celui-ci doit répondre par oui ou par non à une question posée.

Laïcité : principe selon lequel l'État et la religion sont séparés. L'État laïc ne s'oppose pas à la religion, il garantit la liberté de culte.

Missionnaire : religieux chargé de propager la religion chrétienne.

Colon : habitant de la métropole venu s'installer dans une colonie et ses descendants.

13 La Révolution française (1789-1799)

La Révolution française, événement majeur de l'histoire de France et du monde, est définie par l'historien François Furet comme « **la naissance de la démocratie** ». Elle correspond à un bouleversement politique radical qui transfère la souveraineté du roi à la nation. Il n'y a pas, en 1789, un projet révolutionnaire, celui-ci se forme au cours des événements. Les aspirations à la liberté et à l'égalité aboutissent à la fin de la monarchie absolue mais aussi à l'échec d'une monarchie constitutionnelle. Des radicalisations successives provoquent la proclamation de la République.

1. La Révolution française s'explique par de nombreux facteurs

Dans les années qui précèdent 1789, une grande effervescence règne en France liée à **l'exemple politique anglais** (un régime parlementaire mis en place au XVIIe siècle) et à **l'indépendance des États-Unis** à laquelle la France participe. Cependant, même si personne n'envisage l'éventualité d'une révolution, beaucoup reconnaissent la nécessité de réformes. La question essentielle porte sur la nature de ces réformes, car les groupes en présence ont des exigences contradictoires.

À partir de 1787-1788, la monarchie française doit affronter de multiples difficultés à l'origine d'une situation explosive :

- **une crise sociale** due aux inégalités entre ceux qu'on appelle les « privilégiés » car ils sont exemptés d'impôts et les autres sur qui reposent toutes les charges ; la bourgeoisie réclame sa reconnaissance ;
- **une crise politique et d'autorité** : le roi Louis XVI subit l'influence de son entourage et son autorité est également contestée par les Parlements ;
- **une crise économique** : la récolte de blé de 1788 a été particulièrement mauvaise ce qui amène un mécontentement populaire ;
- **une crise financière** : les caisses de l'État sont vides et le soutien financier accordé à la Révolution américaine aggrave le déficit.

portrait

Louis XVI

Né en 1754, Louis-Auguste de France, le futur Louis XVI, devient roi de France en 1774 à la mort de son grand-père Louis XV. Élevé dans une religion stricte et dans des principes conservateurs, il étudie différentes langues et se passionne pour les disciplines scientifiques. En 1770, il épouse l'archiduchesse Marie-Antoinette d'Autriche qui joue un rôle important dans les événements révolutionnaires.

La première partie de son règne (1774-1788) est marquée par quatre tentatives de réformes du système fiscal initiées par des ministres comme Turgot ou Necker. Mais le roi se heurte à l'opposition des privilégiés, des Parlements et de son entourage.

Les dernières années de la vie et du règne de Louis XVI (1788-1793) avec la mise en place d'une monarchie constitutionnelle, la chute de la royauté, son procès et sa mort sont liées aux événements révolutionnaires. Aujourd'hui, les historiens ont une vue nuancée sur Louis XVI. Considéré comme un honnête homme, il n'était sans doute pas à la hauteur de la tâche immense qui l'attendait lorsqu'il est monté sur le trône.

La convocation des **États généraux,** assemblée composée de représentants des trois ordres de la société (le clergé, la noblesse et le tiers état) chargés d'exprimer leur point de vue, notamment sur la question de l'impôt, apparaît à beaucoup comme une solution pour sortir de la crise. Après avoir longtemps hésité, Louis XVI les convoque pour le 5 mai 1789. Dans cet objectif, les Français sont invités par le roi à présenter leurs doléances et à désigner leurs représentants.

Qu'est-ce que les cahiers de doléances ?

Les cahiersde doléances préparent la tenue des États généraux. Au nombre de 60 000, ils constituent un exceptionnel témoignage sur l'état de l'opinion à la veille de la Révolution. La rédaction des cahiers et l'élection des représentants se font selon des modalités précises :

- **pour le clergé et la noblesse**, cela se fait dans le cadre de réunions tenues au chef-lieu du baillage ou de la sénéchaussée ;
- **pour le tiers état**, des réunions ont d'abord lieu dans les paroisses rurales et les communautés urbaines, où sont désignés des envoyés qui s'assemblent ensuite au chef-lieu du baillage, afin de fondre en un texte commun les doléances des paroisses et des communautés et de choisir les députés envoyés à Versailles.

Certains textes, très généraux, expriment une revendication du droit au bonheur adressée directement au roi. D'autres, plus précis comme les cahiers ruraux, mettent l'accent sur la misère des campagnes et s'en prennent surtout aux droits seigneuriaux et à la fiscalité royale. Certains cahiers du clergé sont proches des idées du tiers état, d'autres hostiles à la liberté de pensée et à la tolérance. Ceux de la noblesse demeurent majoritairement attachés à leurs privilèges et aux droits seigneuriaux.

info en +

De 1789 à 1799, on peut distinguer 4 grands moments dans l'histoire de la Révolution française :

l'année 1789, « l'année sans pareille » ;
la Constituante et l'échec de la monarchie constitutionnelle (1791-1792) ;
les débuts de la Ire République et l'instauration de la Terreur (1792-1794) ;
le temps de la République bourgeoise (1794-1799).

2. 1789, « l'année sans pareille »

Durant cette année fondatrice qui montre avec éclat l'aspiration à la liberté et à l'égalité de la société de l'Ancien Régime, les événements vont s'enchaîner :

- **le 5 mai**, après l'ouverture des États généraux à Versailles, les députés du tiers état, « considérant qu'ils représentent 96 % de la nation », se proclament **le 17 juin** Assemblée nationale et le 20 juin jurent de ne pas se séparer avant d'avoir donné une constitution à la France : **c'est la révolution politique ;**
- **le 14 juillet**, les Parisiens prennent la Bastille, mettant fin ainsi à l'arbitraire royal. Pendant l'été, les paysans s'attaquent aux châteaux et pillent les registres des droits seigneuriaux (c'est la « Grande Peur »). Pour ramener l'ordre, les députés décident d'abolir les privilèges. L'abolition est prononcée, dans un grand enthousiasme, lors de la nuit du **4 août**. **C'est la révolution populaire.**

– **le 26 août**, les grands principes qui doivent fonder le nouveau régime sont précisés dans la Déclaration des droits de l'homme et du citoyen. Ce texte, connu sous le nom de « Principes de 89 », a pris ultérieurement valeur universelle et ne peut faire l'objet d'aucun débat contradictoire. **C'est la révolution juridique** ;
– **les 5 et 6 octobre**, Louis XVI n'acceptant pas les décisions révolutionnaires, des milliers de Parisiens se rendent à Versailles et ramènent le roi et sa famille à Paris. Le retour du roi au château des Tuileries représente la victoire du peuple de Paris et signifie que le gouvernement du pays se fera désormais sous sa surveillance.

DOCUMENT 1. LA PRISE DE LA BASTILLE

14 juillet 1789 : prise de la Bastille

La prise de la Bastille n'est pas, en soi, un événement d'une grande importance, mais son impact est considérable. Les Parisiens, exaspérés par la hausse du prix du pain et la décision du roi de concentrer des troupes autour de Paris et craignant un complot de la part des privilégiés, décident de chercher des armes pour se défendre. Ils pillent les armureries et, le 14 juillet, marchent sur la Bastille. En prenant la Bastille, où les prisonniers étaient enfermés sur ordre du roi par lettre de cachet, les révolutionnaires mettent fin à l'arbitraire royal.

Après la prise de la Bastille, le roi reconnaît la mise en place de la municipalité parisienne et l'existence de la **garde nationale**, sous le commandement de La Fayette. Il accepte **la cocarde tricolore** qui unit le blanc du roi au rouge et au bleu des révolutionnaires parisiens.

DOCUMENT 2. 26 AOÛT 1789, DÉCLARATION DES DROITS DE L'HOMME ET DU CITOYEN

Les représentants du peuple français, constitués en Assemblée nationale, considérant que l'ignorance, l'oubli ou le mépris des droits de l'homme sont les seules causes des malheurs publics et de la corruption des gouvernements, ont résolu d'exposer, dans une déclaration solennelle, les Droits naturels inaliénables et sacrés de l'homme, afin que cette déclaration, constamment présente à tous les membres du corps social, leur rappelle sans cesse leurs droits et leurs devoirs ; afin que les actes du pouvoir exécutif, pouvant être à chaque instant comparés avec le but de toute institution politique, en soient plus respectés ; afin que les réclamations des citoyens, fondées désormais sur des principes simples et incontestables, tournent toujours au maintien de la Constitution et du bonheur de tous.

En conséquence, l'Assemblée nationale reconnaît et déclare, en présence et sous les auspices de l'Être suprême, les droits suivants de l'homme et du citoyen :

Article 1. Les hommes naissent et demeurent libres et égaux en droits. Les distinctions sociales ne peuvent être fondées que sur l'utilité commune.

Article 2. Le but de toute association politique est la conservation des droits naturels et imprescriptibles de l'Homme. Ces droits sont la liberté, la propriété, la sûreté et la résistance à l'oppression.

Document 3. Table solennelle de la Déclaration des droits de l'homme et du citoyen de Jean Jacques François Le Barbier

Article 3. Le principe de toute souveraineté réside essentiellement dans la Nation. Nul corps, nul individu ne peut exercer d'autorité qui n'en émane expressément.

Article 4. La liberté consiste à faire tout ce qui ne nuit pas à autrui : ainsi l'exercice des droits naturels de chaque homme n'a de bornes que celles qui assurent aux autres membres de la société la jouissance de ces mêmes droits. Ces bornes ne peuvent être déterminées que par la Loi.

Article 5. La Loi n'a le droit de défendre que les actions nuisibles à la société. Tout ce qui n'est pas défendu par la Loi ne peut être empêché, et nul ne peut être contraint de faire ce qu'elle n'ordonne pas.

Article 6. La loi est l'expression de la volonté générale. Tous les citoyens ont le droit de concourir personnellement ou par leurs représentants à sa formation. Elle doit être la même pour tous, soit qu'elle protège, soit qu'elle punisse. Tous les citoyens étant égaux à ses yeux sont également admissibles à toutes les dignités, places et emplois publics selon leur capacité, et sans autre distinction que celle de leurs vertus et de leurs talents.

Article 7. Nul homme ne peut être accusé, arrêté ni détenu que dans les cas déterminés par la Loi, et selon les formes qu'elle a prescrites.

Article 8. La Loi ne doit établir que des peines strictement et évidemment nécessaires, et nul ne peut être puni qu'en vertu d'une loi établie et promulguée antérieurement au délit et légalement appliquée.

Article 9. Tout homme étant présumé innocent jusqu'à ce qu'il ait été reconnu coupable, s'il est jugé indispensable de l'arrêter, toute rigueur qui ne serait pas nécessaire pour s'assurer de sa personne doit être sévèrement réprimée par la loi.

Article 10. Nul ne doit être inquiété pour ses opinions, même religieuses, pourvu que leur manifestation ne trouble pas l'ordre public établi par la loi.

Article 11. La libre communication des pensées et des opinions est un des droits les plus précieux de l'homme ; tout citoyen peut donc parler, écrire, imprimer librement, sauf à répondre de l'abus dans les cas déterminés par la loi.

Article 12. La garantie des droits de l'Homme et du Citoyen nécessite une force publique ; elle est donc instituée pour l'avantage de tous, et non pour l'utilité particulière de ceux auxquels elle est confiée.

Article 13. Pour l'entretien de la force publique, et pour les dépenses d'administration, une contribution commune est indispensable ; elle doit être également répartie entre tous les citoyens, en raison de leurs facultés.

Article 14. Tous les citoyens ont le droit de constater, par eux-mêmes ou par leurs représentants, la nécessité de la contribution publique, de la consentir librement, d'en suivre l'emploi, et d'en déterminer la quotité, l'assiette, le recouvrement et la durée.

Article 15. La société a le droit de demander à tout agent public de son administration.

Article 16. Toute société dans laquelle la garantie des droits n'est pas assurée, ni la séparation des pouvoirs déterminée, n'a point de constitution.

Article 17. La propriété étant un droit inviolable et sacré, nul ne peut en être privé, si ce n'est lorsque la nécessité publique, légalement constatée, l'exige évidemment, et sous la condition d'une juste et préalable indemnité.

3. La Constituante et l'échec de la monarchie constitutionnelle (1791-1792)

Le 14 juillet 1790 a lieu, sur le champ de mars, **la Fête de la Fédération** (notre fête nationale célèbre le 14 juillet 1790 et non le 14 juillet 1789) qui se veut le symbole de l'unité de la nation. Pourtant, les députés chargés d'établir la nouvelle Constitution ont proposé d'établir **un suffrage censitaire.**

Info en +

Le suffrage censitaire distingue les citoyens actifs, ceux qui paient un impôt équivalent à 3 journées de travail et les citoyens passifs (les pauvres). Seuls les citoyens actifs ont le droit de vote.

La Constitution de 1791 met en place une monarchie constitutionnelle. Louis XVI, « roi de France par la grâce de Dieu », devient « roi des Français par la grâce de Dieu et la constitution de l'État » Le pouvoir exécutif est confié au roi qui nomme les ministres, peut opposer son veto au vote des lois et les fait exécuter. Le pouvoir législatif appartient à l'Assemblée législative, élue pour deux ans, composée de 745 députés qui votent les lois et le budget.

Les premières mesures prises par l'Assemblée constituante

Pour résoudre la question financière, le 2 novembre 1789, l'Assemblée constituante met les biens du clergé qui deviennent biens nationaux « à la disposition de la nation ». En attendant qu'ils soient vendus, la Constituante crée des bons du Trésor, **des assignats**, remboursables en terres qui permettent à l'État de disposer immédiatement de l'argent des ventes à venir.

Les ordres religieux sont supprimés en février 1790 et, pour régler le statut du clergé séculier, les constituants rédigent **la Constitution civile du clergé** (12 juillet 1790) par laquelle les prêtres doivent prêter serment de fidélité à la nation et au roi. Cette décision, condamnée par le pape, divise le clergé en prêtres jureurs et prêtres réfractaires et détourne une partie des catholiques de la Révolution.

La fuite du roi

Le roi, qui n'accepte pas le nouveau régime, décide de fuir avec sa famille. Mais il est reconnu, arrêté à Varennes et ramené à Paris. Cette date constitue un tournant politique majeur. De protecteur, le roi devient un traître aux yeux des révolutionnaires. Une pétition réclame l'établissement d'une République et par un enchaînement d'événements, déclenche une émeute réprimée dans le sang. La garde nationale tire sur la foule venue réclamer la déposition du roi sur le Champ-de-Mars. La fuite du roi et la fusillade du Champ-de-Mars divisent les révolutionnaires entre modérés et « sans-culottes ».

Info en +

Les sans-culottes sont les révolutionnaires des milieux populaires qui portent le pantalon et non la culotte, élément du costume aristocratique de l'Ancien Régime.

L'Assemblée constituante se sépare le 30 septembre 1791 et laisse la place à **l'Assemblée législative** qui est confrontée à une situation difficile : la Révolution est menacée à l'extérieur par les nobles qui ont émigré et qui sont soutenus par les monarchies étrangères et à l'intérieur par les prêtres réfractaires qui s'appuient sur le peuple catholique.

4. Les débuts de la Ire République et l'instauration de la Terreur (1792-1794)

La déclaration de guerre à l'Autriche le 20 avril 1792, qui tient à la dégradation des relations entre la Révolution et l'Europe mais qui est surtout voulue par les Français, et les premières défaites dressent le peuple contre le roi. La Patrie est proclamée « en danger » le 11 juillet par l'Assemblée législative, ce qui provoque l'enrôlement de milliers de volontaires de toutes les provinces de France. En marche vers Paris, les Marseillais chantent le chant de l'armée du Rhin, composé quelques mois plus tôt par Rouget de Lisle (chant qui deviendra *La Marseillaise*).

Après la prise des Tuileries dans la nuit du 9 au 10 août 1792, sous la pression de la rue, les députés votent l'arrestation du roi et l'élection au suffrage universel d'une nouvelle assemblée, **la Convention**. La prise des Tuileries signifie la chute de la monarchie, l'échec des révolutionnaires modérés et entraîne une radicalisation de la Révolution.

Dès son ouverture, **le 22 septembre 1792**, la Convention proclame **la République « une et indivisible ».** En même temps, la victoire de **Valmy,** le 20 septembre, sauve la France de l'invasion étrangère.

dates-clés

22 septembre 1792 : proclamation de la République

La proclamation de la Ire République représente une rupture dans l'histoire de la France qui, depuis le Moyen Âge, a toujours été gouvernée par un roi. Elle se fait dans un contexte particulièrement dramatique, la France de la Révolution étant menacée à l'extérieur par l'invasion étrangère et à l'intérieur par les forces restées fidèles à la monarchie et à l'Église. La Ire République s'appuie sur la Constitution de l'an I (1793) qui ne fut jamais appliquée en raison de l'instauration de la Terreur par les révolutionnaires.

La République se définit comme « une forme de gouvernement où le pouvoir et la puissance ne sont pas détenus par un seul, et dans lequel le chef de l'État n'est pas héréditaire. » En France, **le concept de république est lié à celui de démocratie**, c'est-à-dire « l'organisation politique dans laquelle l'ensemble des citoyens exerce la souveraineté. » L'idée de République est donc associée à la liberté, à l'égalité devant la loi, à la souveraineté et au suffrage universel. C'est Napoléon Bonaparte qui met fin à la Ire République en proclamant l'Empire en 1804.

Après des débats houleux, Louis XVI est condamné à mort et guillotiné le 21 janvier 1793 sur la place de la Révolution (aujourd'hui place de la Concorde). Cette exécution provoque l'alliance des monarchies européennes contre la République. Un soulèvement royaliste en Vendée et **la chouannerie** en Bretagne occasionnent un début de guerre civile. En 1793, la Révolution, décrète la levée en masse, **la loi des suspects** (on peut être arrêté sur simple soupçon) et l'application du **maximum des prix** (taxation des prix de toutes les marchandises de première nécessité).

Pendant cette période, la vie politique est marquée d'abord par la lutte entre les Girondins (Brissot, Vergniaud) et les Montagnards (Danton, Robespierre, Marat), puis par la lutte des Montagnards entre eux.

Pour faire face à ces difficultés, la Convention décrète « **un gouvernement révolutionnaire jusqu'à la paix »**, c'est-à-dire un gouvernement d'exception. Le 5 septembre, la Convention met « **la Terreur à l'ordre du jour** ». Elle confie ses pouvoirs à deux comités**, le Comité de salut public,** dominé par Robespierre qui dirige la diplomatie, la guerre et l'économie, et le **Comité de sûreté générale**, qui traque les suspects et les défère au tribunal révolutionnaire. Des mesures symboliques sont adoptées : le tutoiement obligatoire, un nouveau calendrier et la déchristianisation qui doivent effacer toute trace de l'Ancien Régime.

La Terreur, qui vise à vaincre les ennemis extérieurs et intérieurs de la Révolution, ne met en œuvre, en aucune façon, les droits de la personne. La dictature de Robespierre, chef du Comité de salut public, devient insupportable à de nombreux révolutionnaires après la loi du 22 prairial (10 juin 1794) qui renforce encore la Terreur en supprimant toutes les garanties de la justice et provoque une multiplication des condamnations – on estime à environ 50 000 le nombre des victimes de la Terreur, y compris les décès en prison et les exécutions sans jugement. Une coalition se forme à la Convention contre Robespierre et ses partisans. Ils sont arrêtés le 9 thermidor an II (27 juillet 1794) et guillotinés le lendemain sans jugement.

5. Le temps de la République bourgeoise (1794-1799)

Après la chute de Robespierre, la Révolution amorce un nouveau tournant. La période de cinq années qui sépare le 9 thermidor an II et le 18 brumaire an VIII (coup d'État de Bonaparte) est qualifiée de « République bourgeoise ». Ceux que l'on appelle **les Thermidoriens** ne veulent plus aller de l'avant, mais consolider les acquis de la Révolution.

En septembre 1795, la Convention adopte une nouvelle constitution fondée sur une stricte séparation des pouvoirs qui donne naissance à un nouveau régime, **le Directoire** (Le pouvoir exécutif est confié à cinq « directeurs »). Cette constitution a pour objectif d'éviter à la fois la dictature du législatif, comme au moment de la Convention, et la prise de pouvoir par l'exécutif. En fait, elle montre surtout la faiblesse d'un régime qui ne parvient pas à s'imposer dans le pays face à la double menace des royalistes et des révolutionnaires. L'armée devient l'arbitre des conflits politiques. Le coup d'État militaire d'un général victorieux, Napoléon Bonaparte, met fin au Directoire en 1799 (18 brumaire an VIII) et institue un nouveau régime : **le Consulat**.

Le Consulat et le Premier Empire. Les grandes réformes de Napoléon Bonaparte (1799-1815)

14

1. La consolidation des acquis de la Révolution

Après le 18 brumaire, la République n'est pas abolie dans les textes mais la réalité est celle d'un pouvoir personnel de plus en plus autoritaire. La Constitution de l'an VIII, qui organise le Consulat, concentre le pouvoir entre les mains du Premier consul. Parvenu au pouvoir, **Napoléon Bonaparte** se fixe pour objectifs de réorganiser le pays, de réconcilier les Français et d'assurer la paix. En quelques années, il effectue des réformes, « les masses de granit », qui marquent encore de leur empreinte la France d'aujourd'hui.

La France est réorganisée avec **la création des préfets**, nommés par l'État, qui sont ses représentants dans les départements et les arrondissements. La Justice, réaménagée, s'appuie sur des juges nommés et inamovibles. Les finances sont redressées avec la création de la **Banque de France en 1800** et, en 1803, l'émission d'une nouvelle monnaie, le franc germinal, convertible en or. **Des lycées** à la discipline militaire sont institués en 1802 pour former les nouvelles élites. Le Code civil est promulgué en 1804.

« **Le Code civil des Français** » réunit plus de 2 000 articles déterminant les règles juridiques concernant les relations entre les individus. Il fixe les grandes conquêtes révolutionnaires (la disparition des privilèges, l'égalité devant la loi, la laïcité de l'état civil) mais reconnaît aussi la pleine reconnaissance de la propriété, l'autorité du chef de famille et la liberté du travail.

Document 1. Extraits du Code civil

Discours préliminaire du projet, 1801

Notre objet a été de lier les mœurs aux lois et de propager l'esprit de famille, qui est si favorable, quoi qu'on en dise, à l'esprit de cité […] Les vertus privées peuvent seules garantir les vertus politiques : et c'est par la petite patrie, qui est la famille, que l'on s'attache à la grande ; ce sont les bons pères, les bons maris, les bons fils qui font les bons citoyens.

Extraits de quelques articles, 1804

Article 9. Tout individu né en France d'un étranger pourra, dans l'année qui suivra l'époque de sa majorité, réclamer la qualité de Français ; pourvu que, dans le cas où il résiderait en France, il déclare que son intention est d'y fixer son domicile.

Article 10. Tout enfant, né d'un Français en pays étranger, est français.

Article 11. L'étranger jouira en France des mêmes droits civils qui sont ou seront accordés à un Français.

Article 213. Le mari doit protection à sa femme, la femme obéissance à son mari.

Article 229. Le mari pourra demander le divorce pour cause d'adultère de sa femme.

Article 371. L'enfant, à tout âge, doit honneur et respect à ses père et mère.

Article 372. Il reste sous leur autorité jusqu'à sa majorité ou son émancipation.

Article 373. Le père seul exerce cette autorité durant le mariage.

Article 374. L'enfant ne peut quitter la maison paternelle sans la permission de son père, si ce n'est pour un enrôlement volontaire, après l'âge de 18 ans révolus.

Article 544. La propriété est le droit de jouir et de disposer des biens de manière la plus absolue, pourvu qu'on n'en fasse pas un usage prohibé par les lois ou par les règlements.
Article 1421. Le mari administre seul les biens de la communauté. Il peut les vendre, aliéner ou hypothéquer sans le concours de sa femme.

En 1801, Bonaparte signe **le Concordat** avec le pape qui met fin à la querelle religieuse et fait de la religion catholique la religion « de la majorité des Français ». Sa popularité augmente lorsqu'il signe la paix avec l'Autriche en 1801 et avec l'Angleterre en 1802. D'abord consul, puis Premier consul, il est nommé consul pour dix ans et **consul à vie en 1802**.

2. Le Premier Empire, un régime personnel et autoritaire (1804-1815)

Napoléon Bonaparte devient empereur des Français en mai 1804 sous le nom de Napoléon Ier et est sacré par le pape Pie VII, à Notre-Dame de Paris, le 2 décembre de la même année.

Document 2. Le sacre de Napoléon par J.-L. David

Un régime autoritaire

L'empereur rétablit une cour impériale et une noblesse héréditaire, **la noblesse d'Empire**, fondée sur les services rendus à l'État. **La Légion d'honneur**, créée en 1804, est destinée à honorer les meilleurs serviteurs de l'État. L'Empire est un régime autoritaire fondé sur un contrôle rigoureux de la presse et une surveillance accrue de l'opinion par la police dirigée par Fouché. Après la suppression du Tribunat, seule assemblée au sein de laquelle les débats persistaient, **Napoléon concentre tous les pouvoirs**. Les préfets rendent compte de la situation dans les provinces et la Justice est aux ordres de l'empereur qui publie le Code pénal en 1809. L'Université impériale, fondée en 1808, encadre tous les établissements d'enseignement.

Le poids de la guerre

Par une série de campagnes victorieuses (1805-1811), Napoléon Ier étend son contrôle sur la majeure partie de l'Europe. Pour mener ses conquêtes, il dispose de deux atouts : son armée, recrutée par le système de la conscription que l'on appelle, à partir de 1805, **la Grande Armée, et son génie militaire**, reconnu par tous les experts. La conscription lui permet de mobiliser en dix ans environ 1,5 million de soldats, essentiellement des paysans. La Grande Armée est progressivement complétée par des troupes étrangères venues des pays dominés par la France. Dès 1804, les puissances européennes, inquiètes de l'influence grandissante de la France, se coalisent contre l'Empire.

La défaite de la France à Trafalgar (près du détroit de Gibraltar, au sud de l'Espagne) en octobre 1805 laisse à l'Angleterre la maîtrise des mers, mais **la victoire d'Austerlitz** (en Autriche) sur les Autrichiens et les Prussiens, le 2 décembre 1805, permet à Napoléon de dominer les États allemands. Les victoires françaises se succèdent, mais, pour vaincre l'Angleterre, Napoléon impose **le blocus continental**. Cette politique l'entraîne vers de nouvelles conquêtes et son autoritarisme, lié aux difficultés économiques provoquées par le blocus, commence à susciter des oppositions au sein des États dominés. En 1808, en Espagne, **la guérilla** est écrasée.

Info en +

> Cette répression est dénoncée par le peintre espagnol Francisco Goya dans deux tableaux restés célèbres : *le Dos de Mayo* et le *Tres de Mayo.*

En 1811, au moment où l'Empire atteint son extension maximale, l'autorité de l'empereur s'exerce, directement ou indirectement, sur une grande partie de l'Europe, de Varsovie à Séville, de Naples à Hambourg.

L'échec et la fin de l'Empire

En moins de deux ans (juin 1812-avril 1814), l'Empire s'effondre. Lors de la retraite de Russie, pendant l'hiver 1812, Napoléon perd une grande partie de la Grande Armée. Puis, en 1813, amené à se battre contre l'Europe entière, il est vaincu à **Leipzig** (en Allemagne). En 1814, malgré la campagne de France, il doit abdiquer.

Louis XVIII, frère de Louis XVI, **monte sur le trône de France**. Napoléon obtient la souveraineté de l'île d'Elbe et conserve le titre d'empereur. Le retour de Louis XVIII est d'abord bien accueilli par les Français car il signifie la paix. Mais très vite, la situation se dégrade et Napoléon, tenu au courant de cette évolution, décide de rentrer en France. En mars 1815, il débarque à Golfe Juan avec un millier d'hommes. Mais les Alliés s'unissent à nouveau contre lui et, après **sa défaite à Waterloo** (en Belgique), il doit à nouveau abdiquer.Il est déporté à l'île de Sainte-Hélène dans l'Atlantique Sud, où il sera traité en prisonnier jusqu'à sa mort en 1821. En 1815, après les Cent-Jours, la France est ramenée à ses frontières de 1792 et contrainte d'accepter l'occupation étrangère pendant trois ans.

info en +

> **La période de la Révolution et de l'Empire a profondément bouleversé la France et l'Europe**
> Nous lui devons :
> – **les symboles de la France** : notre drapeau, notre devise inscrite sur le fronton des mairies, le bonnet phrygien, notre hymne national, *La Marseillaise*, notre fête nationale, le 14 juillet ;
> – **des grands principes** inscrits dans la Déclaration des droits de l'homme et du citoyen : la liberté, l'égalité, la souveraineté nationale, la propriété, l'unité nationale ;
> – **des idées politiques** : la séparation des pouvoirs appliquée dans la Constitution, un nouveau découpage administratif qui crée 83 départements, l'unification du droit, le système décimal.
> Cette période, par sa richesse et par l'ampleur des mesures adoptées, a donc contribué à modeler le visage de la France contemporaine.

15 L’expansion industrielle et urbaine

L’expansion industrielle et urbaine de la France dans la seconde moitié du XIXe siècle s’inscrit complètement dans celle de l’Europe et du monde. Pour désigner ce phénomène qui a commencé au XVIIIe siècle en Angleterre et qui est toujours en cours, les historiens et les économistes ont longtemps employé **l’expression « révolution industrielle »**, « décollage » ou « *take off* ». Aujourd’hui, on leur préfère le terme d’« expansion industrielle » qui rend mieux compte d’un phénomène qui s’est étalé sur plusieurs générations. C’est, selon l’historien J.-P. Rioux, **« l’acte de naissance de notre monde** ».

1. L’expansion industrielle

Les origines de l’expansion

L’expansion industrielle se caractérise par la convergence de plusieurs facteurs : percée technologique, développement du machinisme, exploitation de nouvelles sources d’énergie, progrès de l’agriculture, poussée démographique liée aux progrès de la médecine. Elle se définit par une croissance continue, entrecoupée de crises, et par une propension à innover. Elle entraîne la formation d’un nouveau mode de production et la mise en place de nouvelles méthodes d’organisation du travail. Les économies d’échelle et la division du travail au sein de l’entreprise permettent de produire davantage sans que le progrès technique intervienne. L’apparition du *domestic system* (pendant la morte saison, les paysans tissent ou filent la laine avec des machines prêtées par les négociants de la ville) au cours du XVIIIe siècle et l’accroissement de la demande sont également des facteurs d’augmentation de la production industrielle.

Les différentes phases de l’industrialisation

Après une phase de proto-industrialisation qui commence dès le XVIIIe siècle, deux phases d’industrialisation se succèdent.

- **La première industrialisation** (1830-1880) repose sur **le charbon** – énergie nécessaire à la machine à vapeur mise au point par l’Écossais James Watt en 1769 – et sur de **nouvelles techniques**, notamment les machines textiles et les procédés de fabrication de la fonte et de l’acier. Cette première industrialisation concerne les foyers industriels du Nord-Pas de Calais, fer de lance de la croissance avec la primauté de Lille-Roubaix-Tourcoing dans la production du textile (laine et coton)
- **La deuxième industrialisation** (1880-1930) repose sur de nouvelles sources d’énergie : l’électricité et le pétrole. Elle se caractérise par l’affirmation d’une organisation de la production, **le travail à la chaîne**. Fondé sur la séparation entre les travaux de conception et les tâches d’exécution, le travail à la chaîne vise à éviter tout geste inutile mais conduit à la répétition cadencée de gestes toujours identiques. La deuxième industrialisation se développe en France dans les anciens centres industriels, comme le Nord et s’appuie sur de **nouvelles industries comme la chimie, l’automobile et l’exploitation du fer de Lorraine. L’utilisation de l’électricité** se développe grâce

aux progrès de son transport sur de longues distances et à ses possibilités domestiques et industrielles. Elle s'appuie sur des innovations financières. **Les banques** se spécialisent en banques de dépôt, comme le Crédit lyonnais créé en 1863, la Société générale créée en 1864, et en banques d'affaires, comme le Crédit mobilier des frères Pereire créé en 1852.

Info en +

Les banques de dépôt ont le statut de sociétés par actions et tirent l'essentiel de leurs ressources financières des dépôts de la clientèle.
Les banques d'affaires utilisent leurs propres capitaux pour accorder des crédits à long terme aux entreprises.

Les effets de l'industrialisation

L'industrialisation s'accompagne d'une **croissance de la production** et des échanges, lente et régulière, favorisée par la stabilité des prix et de la monnaie. Cette croissance est néanmoins menacée par des crises comme la phase de dépression qui touche la France et d'autres pays européens entre 1873 et 1896 et provoque de nombreuses fermetures d'entreprises dans les années 1880.

La croissance industrielle

Elle s'appuie sur **l'essor des transports** qui transforment en profondeur la nature des modes de communication et la société. Cet essor concerne, dans un premier temps, **le chemin de fer**. Le lien est étroit entre l'essor du rail et les progrès de la métallurgie. D'abord réticents, les Français – bourgeois, artisans et ouvriers – sont bientôt fascinés par le chemin de fer. Cet engouement est dominé par l'idée que le chemin de fer, en intensifiant les échanges entre les hommes, peut assurer la prospérité et réaliser l'unité de la nation.

Les premières lignes relient Lyon à Saint-Étienne (1830) et Paris à Saint-Germain-en-Laye (1837). En 1842, une loi indique que le réseau doit converger vers Paris. Encore embryonnaire en 1846, il est centré sur les grands centres industriels : Roanne, Saint-Étienne, Lyon, Mulhouse, Strasbourg et Paris. **L'expansion majeure a lieu sous le Second Empire** avec la construction d'un réseau en étoile autour de Paris (16 400 km de lignes en 1870). **En 1900, les grands réseaux sont en place.**

Info en +

Le Paris-Lyon-Méditerranée et le Paris-Orléans desservent les axes Nord-Sud qui rayonnent à partir de la capitale, l'un par la vallée du Rhône, l'autre par le Limousin. À la veille de 1914, le réseau ferroviaire français est de 59 000 km, ce qui en fait le plus dense d'Europe.

Les ingénieurs du XIXe siècle multiplient les tunnels, comme ceux du Fréjus et de Tende dans les Alpes et les ponts et les viaducs. La technique du pont en fer se développe grâce à la coopération des ingénieurs d'État et des constructeurs comme Gustave Eiffel.

Info en +

Le viaduc de Garabit, construit de 1882 à 1884 par Gustave Eiffel, permet de franchir la gorge de la Truyère dans le Cantal, profonde de 125 m.

DOCUMENT 1. LE RÉSEAU DES CHEMINS DE FER AU XIXe SIÈCLE (TRAFIC VOYAGEURS)

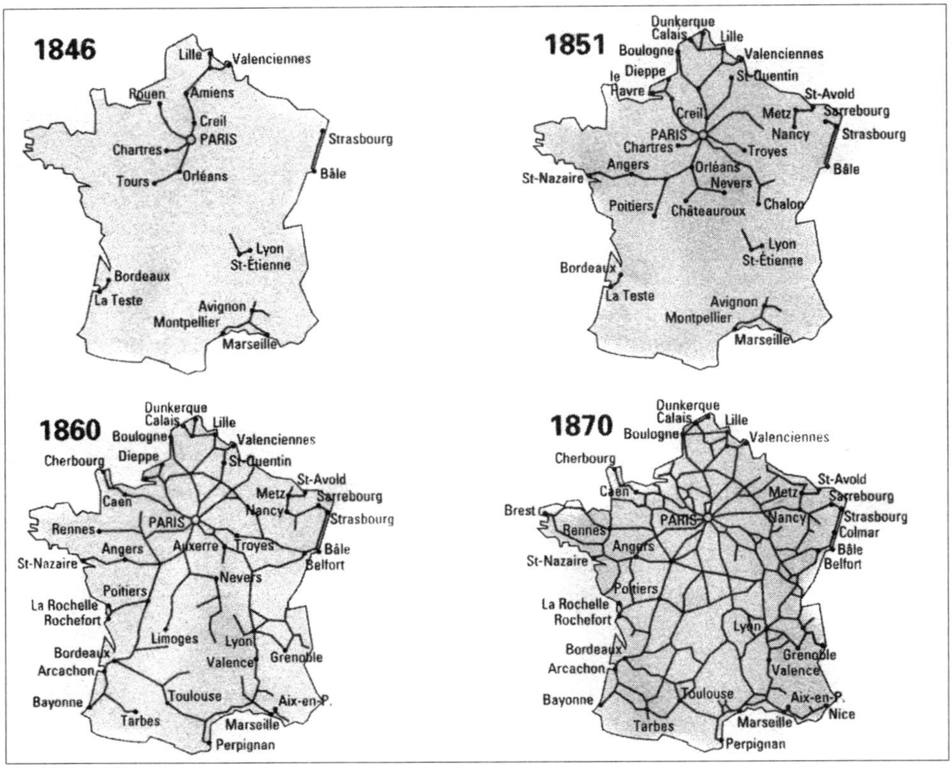

Une nouvelle société

L'essor de l'industrie amène aux premiers rangs de la société, **la bourgeoisie qui supplante progressivement la noblesse**. Des banquiers comme Alphonse de Rothschild, des maîtres de forge comme Alfred Krupp et Eugène Schneider, ainsi que des industriels qui ont acquis leur richesse à travers l'activité industrielle ou bancaire possèdent des hôtels particuliers et des châteaux, fréquentent les plages et les stations thermales à la mode et influencent la vie politique.

Les ouvriers sont l'autre catégorie sociale émergente. Issus pour la plupart du monde rural, les ouvriers travaillent à l'usine dans des conditions pénibles. Parmi eux, on distingue les **ouvriers qualifiés** qui travaillent dans la métallurgie et le textile, dont les niveaux de qualification et les genres de vie sont très différents. Au bas de l'échelle, les journaliers et les manœuvres forment un prolétariat caractérisé par **la précarité** dans tous les domaines (emploi, logement, alimentation). En l'absence de toute promotion sociale, les ouvriers sont à la merci des accidents de la vie. S'ils se blessent au travail ou tombent malades, ils perdent leur salaire et sombrent avec leur famille dans l'extrême pauvreté.

La vie des ouvriers s'améliore peu à peu à la fin du siècle grâce à l'action des syndicats et à l'adoption de lois sociales. En 1841, le travail est interdit aux enfants de moins de 8 ans (c'est la première loi du genre). En 1892, la journée de travail est limitée à 12 heures puis à 8 heures en 1919. **La loi reconnaissant les syndicats, votée en 1884** sous la IIIe République, est le résultat des combats menés depuis le début du siècle pour faire triompher les droits sociaux. La CGT (Confédération générale du travail) est créée en

1895 dans l'objectif de fédérer l'ensemble de ces organisations. Les buts de la CGT sont précisés dans la **charte d'Amiens**, qui est l'un des textes fondateurs du syndicalisme français. Cette charte rappelle les objectifs du syndicat et préconise un seul moyen d'action, pour elle, décisif, la grève générale.

L'émergence des classes moyennes est considérée comme un des phénomènes majeurs du XIXe siècle. Ces classes intermédiaires regroupent la population n'appartenant ni au monde ouvrier ni à la classe dirigeante et forment les « **couches nouvelles** », la petite et moyenne bourgeoisie. Le nombre d'employés augmente considérablement au XIXe siècle, pour une grande part du fait des débuts de la tertiarisation de la population active et de la sécurité qu'offrent les emplois subalternes. Se distinguant du monde ouvrier et paysan par leurs modes de vie et leurs mentalités, les classes moyennes partagent avec la bourgeoisie des valeurs communes : l'ardeur au travail, le sens de l'épargne, l'attachement à la propriété et à l'ordre. Par leur constant renouvellement au cours du siècle, elles ont évité une bipolarisation de la société et par là, les explosions urbaines

De nouvelles idéologies

Dès le XIXe siècle, des théoriciens se réclamant du socialisme se révoltent contre les conséquences sociales de l'essor du capitalisme : chômage, misère ouvrière. À leurs yeux, une autre organisation de la société peut les faire disparaître. **Les premiers socialistes** (Charles Fourier, Saint-Simon) sont qualifiés d'« **utopiques** » parce qu'ils imaginent une société idéale, mais n'envisagent pas de mettre en œuvre concrètement leurs idées. À partir de 1860, des **partis socialistes** apparaissent. **Jean Jaurès** (1859-1914) considère que la transformation de la société doit être graduelle et que les ouvriers doivent arriver au pouvoir par les élections. **Les anarchistes**, comme Proudhon ou Bakounine, se proposent d'abolir l'État qui opprime les ouvriers et d'éliminer, de la société, tout pouvoir établissant une contrainte sur l'individu.

Info en +

Le mot « socialisme » n'a pas la même définition au XIXe siècle et au XXe siècle. Au XIXe siècle est socialiste celui qui veut socialiser les moyens de production. Après la Révolution russe d'octobre 1917, les divisions des marxistes aboutissent à des ruptures : les réformistes continuent de se nommer « socialistes » alors que les révolutionnaires sont désormais appelés « communistes ».

En 1848, dans leur ouvrage le *Manifeste du parti communiste*, **le philosophe allemand, Karl Marx et son ami, Friedrich Engels** expliquent que la production industrielle du XIXe siècle repose, d'une part, sur l'exploitation de la classe des prolétaires par la classe des bourgeois et, d'autre part, sur la lutte des classes. Pour réaliser le bonheur des hommes, il faut que les prolétaires détruisent le pouvoir de la bourgeoisie par la Révolution. Les idées de Marx, interprétées de différentes manières, sont à l'origine des révolutions du XXe siècle.

2. Une expansion urbaine remarquable

La France participe à l'expansion urbaine même si la progression des villes y est plus lente que dans d'autres pays d'Europe. En 1911, la majorité de la population française est encore rurale. Les villes, qui connaissent les développements les plus spectaculaires, sont les capitales (Paris passe de 550 000 habitants en 1800 à 2,9 millions en 1911), les cités industrielles et minières (Le Creusot compte 2 500 habitants en 1836 et 25000 en 1875) et les ports.

Les causes de l'expansion

Cette expansion est liée à l'exode rural (les petits paysans quittent la campagne pour travailler dans les usines et les mines) **et à l'accroissement naturel.** La population des pays industrialisés augmente de façon considérable grâce aux progrès de l'alimentation, de la médecine et de l'hygiène (travaux de **Louis Pasteur** et de **Marie Curie**) et au maintien d'une forte fécondité liée aux structures familiales, aux mentalités et aux pratiques religieuses.

portrait

Louis Pasteur (1822-1895)

Chimiste et biologiste français, **Louis Pasteur est le fondateur de la microbiologie.** Ses études sur la fermentation lui permettent de découvrir les micro-organismes qui les provoquent et de mettre au point une méthode de conservation, **la pasteurisation.** Avec ses recherches sur les maladies infectieuses et contagieuses, il bouleverse la médecine et la chirurgie en préconisant **l'asepsie**. En 1885, il réalise le vaccin contre la rage. La fondation de l'Institut Pasteur en 1888 permet à ses élèves et à ses collaborateurs de poursuivre les recherches de microbiologie. Sa figure de savant désintéressé a valu à Louis Pasteur le titre de bienfaiteur de l'humanité.

portrait

Marie Curie (1867-1934)

Née à Varsovie en 1867 dans une famille d'enseignants, élevée dans le sens du devoir et le manque d'argent, Marie Curie mène une vie très austère. Élève brillante, elle souhaite faire une carrière scientifique. En 1891, elle arrive à Paris où elle réussit une licence de physique puis de mathématiques, et rencontre, en 1895, celui qui devient son mari, Pierre Curie, scientifique déjà reconnu pour ses travaux sur la cristallographie et le magnétisme.

En 1897, elle découvre le polonium puis le radium, ce qui lui vaut de recevoir en 1903, avec Pierre Curie et Henri Becquerel, le prix Nobel de physique pour la découverte de la radioactivité naturelle. Après la mort tragique de son mari dans un accident de voiture en 1906, Marie Curie reprend la chaire de Pierre Curie à La Sorbonne et obtient la même année **le prix Nobel de chimie** pour la découverte de la séparation chimique du radium. Par la suite, l'activité de Marie Curie est liée à la biologie et à la médecine avec la création de l'Institut du radium et la fondation Curie, aujourd'hui regroupés sous le nom d'Institut Curie.

Pendant la Première Guerre mondiale, pour éviter le transport des blessés, elle décide de créer des voitures radiologiques qui seront baptisées « les petites Curie ». Épuisée, presque aveugle, les doigts brûlés, stigmatisés par le radium, Marie Curie meurt de leucémie en 1934. En 1995, ses cendres ainsi que celles de Pierre Curie sont transférées au Panthéon.

L'expansion urbaine modifie profondément l'aspect des villes, qui connaissent ce que les historiens appellent une « crise urbaine » provoquée par l'entassement des ouvriers. À la fin des années 1840, la « **question urbaine** » est posée par des milieux très différents, les catholiques sociaux, les socialistes et une partie de la bourgeoisie libérale. Leur discours attire l'attention sur les insuffisances de la ville moderne, aussi est-il porteur de réformes. Ce sont leurs ouvrages qui sont à l'origine des législations de la seconde moitié du XIXe siècle.

Les grandes villes sont transformées grâce à de **grands travaux d'urbanisme** comme ceux entrepris à Paris par le baron **Haussmann**, préfet de la Seine, chargé par Napoléon III de donner à la capitale historique un rang de capitale européenne. Les travaux s'étendent sur dix-huit années et mettent en place une nouvelle géographie urbaine. Les résidences bourgeoises sont regroupées vers l'ouest, le long des nouveaux boulevards et avenues. L'est et le nord regroupent les classes populaires, les pauvres chassés du centre et les immigrés de fraîche date. Les réalisations d'Haussmann, ce qu'on appelle le modèle haussmannien, serviront d'exemple en France (Lyon, Marseille, Montpellier, Toulouse, Rouen, Avignon, Nice) et à l'étranger (Bruxelles, Berlin, Vienne, Rome et Florence), pour l'efficacité de ses procédures et de ses résultats. Toutefois, nulle part les travaux de rénovation n'ont eu l'ampleur de ceux réalisés à Paris.

Les transports urbains s'améliorent grâce aux tramways. Lancé en 1898, à l'apogée du tramway, le **métro parisien** est inauguré le 19 juillet 1900.

De nouvelles formes de commercialisation se développent dans les grands échanges et dans le commerce de détail. Les **grands magasins** apparaissent, dont le Bon Marché (fondé à Paris en 1852) reste le symbole, ainsi que la vente par catalogues qui concurrence redoutablement les boutiques et le colportage. Les salles de cinéma, l'éclairage des rues au gaz puis à l'électricité attirent les ruraux et achèvent de transformer la vie des citadins. Une culture urbaine s'impose au plus grand nombre.

Document 2. Paris vers 1880, par C. Pissaro

Partie 4

16 L'expansion dans le monde. La colonisation

La colonisation du monde par l'Europe est un phénomène historique long. Commencée au XVIe siècle, elle reprend, après une pause, au début du XIXe siècle. Les pays bénéficiaires sont les États les plus transformés par l'expansion industrielle et par le développement du capitalisme.

1. Les fondements de la colonisation

Les facteurs de la colonisation sont essentiellement d'ordre économique, politique et idéologique. Le décalage grandit entre l'Europe techniquement avancée et les mondes lointains qui n'ont pas encore connu l'industrialisation. Cette dernière accroît les besoins de l'économie européenne en matières premières agricoles et minières et en débouchés, tout en développant les moyens de transport permettant de les satisfaire. En France, les partisans de la colonisation comme **Jules Ferry** la présentent comme une « bonne affaire ».

Document 1. La politique coloniale de Ferry

« Les colonies sont, pour les pays riches, un placement de capitaux des plus avantageux. L'illustre Stuart Mill a consacré un chapitre de son ouvrage à faire cette démonstration, et il le résume ainsi « pour les pays vieux et riches, la colonisation est une des meilleures affaires auxquelles ils puissent se livrer »... Je dis que la France, qui a toujours regorgé de capitaux et en a exporté des quantités considérables à l'étranger – c'est par milliards, en effet, qu'on peut compter les exportations de capitaux faites par ce grand pays qui est si riche –, je dis que la France a intérêt à considérer ce côté de la question coloniale. [...] À ce point de vue, je le répète, la fondation d'une colonie, c'est la création d'un débouché. L'expérience démontre en effet, qu'il suffit... (interruption à droite). Messieurs, à ce point de vue particulier, mais de la plus haute importance, au temps où nous sommes et dans la crise que traversent toutes les industries européennes, la fondation d'une colonie, c'est la création d'un débouché. On a remarqué, en effet, et les exemples abondent dans l'histoire économique des peuples modernes, qu'il suffit que le lien colonial subsiste entre la mère patrie qui produit et les colonies qu'elle a fondées, pour que la prédominance économique accompagne et subisse, en quelque sorte, la prédominance politique. »

Jules Ferry, extrait du discours à la Chambre des députés, 28 juillet 1885

À la fin du XVIIIe siècle, l'idée d'une mission civilisatrice de l'Europe se vulgarise, liée à la philosophie des Lumières. Les discours des partisans de la colonisation affirment que les peuples européens, possédant une avance technique, économique, militaire, culturelle, se doivent d'en faire profiter les autres peuples. Selon le romancier britannique Rudyard Kipling, c'est « **le fardeau de l'homme blanc** ». Les Lumières ont aussi développé un mouvement de curiosité géographique qui prend son ampleur au XIXe siècle avec les voyages des explorateurs et des géographes. Enfin, dans la conquête coloniale, les principaux États européens veulent affirmer leur puissance.

2. Les étapes de la conquête coloniale

Au cours de la première moitié du XIXe siècle, la colonisation européenne commence par la lutte contre l'esclavage et contre la traite des esclaves en Afrique. En même temps, les missions protestantes développent un mouvement « humanitaire » sur la base des « 3C » (christianisation, civilisation, commerce).

La première véritable colonisation européenne est celle de l'Algérie. Commencée en 1830 et marquée par la lutte de Bugeaud contre Abd-el-Kader (prise de la smalah d'Abd el Kader en 1847) et la résistance acharnée des Kabyles, la conquête de l'Algérie se poursuit jusqu'au Second Empire. Une colonisation de peuplement, commencée spontanément autour d'Alger en 1830 est organisée pour consolider la conquête. **L'Algérie sera la seule colonie de peuplement de l'empire colonial français** et, à ce titre, se verra conférer un statut particulier qui explique les douloureux soubresauts de la décolonisation au XXe siècle.

Au cours des années 1880, les États européens, notamment le Royaume-Uni et la France, se lancent dans la course à la colonisation. Le **partage de l'Afrique** s'opère dans les années qui suivent la conférence de Berlin (1884-1885) par le biais notamment de traités entre les Français, les Britanniques et, dans une moindre mesure, les Allemands. Au début du XXe siècle, l'Afrique subtropicale est partagée et occupée sauf le Liberia et l'Abyssinie (actuelle Éthiopie). Le **partage du reste du monde** se poursuit par l'implantation des Européens dans l'océan Indien, le Pacifique et l'Asie du Sud-Est. Pendant le Second Empire et la IIIe République, les Français poursuivent la construction de leur empire colonial avec la conquête de l'Indochine qui comprend la Cochinchine, l'Annam et le Tonkin, de la Tunisie et du Maroc.

Document 2. Les différents statuts des pays de l'empire colonial français en 1914

	Colonies	Statut colonial
Afrique du Nord	Algérie, Tunisie, Maroc	Algérie : trois départements gérés par le ministère de l'Intérieur Maroc et Tunisie : protectorats (pouvoir local maintenu, mais contrôle français relevant du ministre des Affaires étrangères)
Afrique occidentale française (1897)	Sénégal, Mauritanie, Soudan, Haute-Volta, Guinée française, Niger, Côte d'Ivoire, Dahomey	Colonies gérées par le ministère des Colonies, créé en 1894
Afrique équatoriale française (1911)	Gabon, Moyen Congo, Tchad, Oubangui-Chari	Colonies gérées par le ministère des Colonies, créé en 1894
Océan Indien	Djibouti, Madagascar, La Réunion, les Comores	Colonies gérées par le ministère des Colonies, sauf La Réunion (aujourd'hui DROM) et Mayotte (aujourd'hui CROM)
Amérique	Guyane, Martinique, Guadeloupe, Saint-Pierre-et-Miquelon	Départements (aujourd'hui DROM sauf Saint-Pierre-et-Miquelon, collectivité territoriale)
Asie	Indochine et cinq comptoirs en Inde dont Pondichéry et Chandernagor	Colonies gérées par le ministère des Colonies
Océan pacifique	Nouvelle-Calédonie et Tahiti	Départements (aujourd'hui DROM pour Tahiti et CROM pour la Nouvelle-Calédonie)

DROM : département et région d'outre-mer. CROM : collectivités et régions d'outre-mer.

Partie 4

DOCUMENT 3. L'EMPIRE COLONIAL FRANÇAIS EN 1914

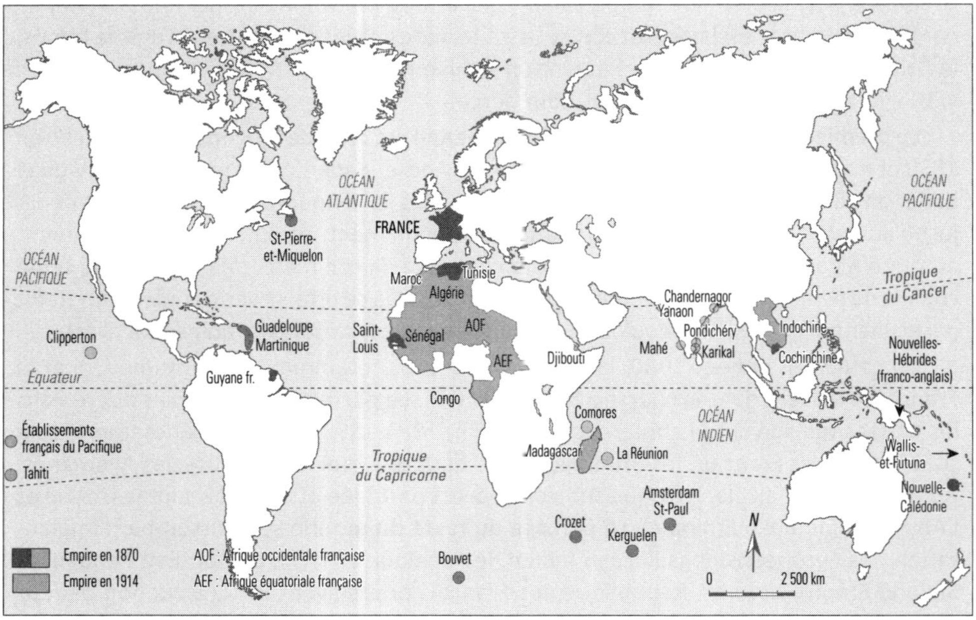

3. Les conséquences de la colonisation

La question de la colonisation est un **enjeu historique et mémoriel** important car elle a des conséquences sur le présent et particulièrement sur les relations entre les anciens pays colonisateurs et les colonisés (cf. la loi Taubira).

Les conséquences pour les territoires colonisés

La colonisation accentue les inégalités et favorise l'enrichissement d'une bourgeoisie indigène au détriment de la paysannerie traditionnelle. En colonisant, les Français ont le sentiment d'être « les missionnaires du progrès ». Ils développent l'enseignement, ouvrent des dispensaires et des maternités, créent des villes comme Casablanca, Alger, Abidjan. Mais la colonisation bouleverse la culture des peuples dominés : **c'est l'acculturation.** Les Français créent des écoles où les enfants des colons et des « indigènes » apprennent la lecture et l'écriture ainsi que la langue et l'histoire de la métropole. Sur le plan économique, les cultures d'exportation et l'exploitation des matières premières se font au détriment des cultures vivrières dont vivent les paysans des pays colonisés. Les colons s'approprient les meilleures terres agricoles et les mines dans des buts d'exploitation. De plus, la colonisation suscite des résistances au sein des populations locales, renforcées quelquefois par des facteurs religieux qui prennent des formes variées. Ces résistances se prolongent jusqu'à la Première Guerre mondiale.

Les conséquences pour la métropole

Les colonies où l'on construit des infrastructures qui permettent la mise en place et le développement des échanges deviennent de grands réservoirs de matières premières pour les métropoles. Toutefois, l'historien Jacques Marseille montre que les colonies n'ont pas véritablement enrichi la France car l'investissement dans les infrastructures n'était pas compensé par l'exploitation des richesses du territoire. Enfin, la colonisation a été source de tensions politiques entre différents pays d'Europe et en France (par exemple au Maroc en 1911, entre la France et l'Allemagne), entre les républicains modérés favorables à la colonisation et la gauche qui y est hostile incarnée par Clémenceau.

Au début du XXe siècle, **l'Europe est à l'apogée de sa puissance**. Son rayonnement sur le monde repose à la fois sur une force démographique remarquable, une avance technologique et intellectuelle, une puissance industrielle édifiée depuis la fin du XVIIIe siècle et sur une suprématie monétaire. La Première Guerre mondiale ruine cette hégémonie.

17 L'installation de la démocratie et de la République

La construction de la République est, en France, une aventure longue et tumultueuse. De 1815 à 1914, la France connaît une succession de régimes politiques qui sont, chacun à leur manière, une étape dans la conquête des libertés. La mise en place définitive de la République n'intervient que dans le dernier quart du siècle, avec la IIIe République.

> info en +
>
> **République et démocratie**
> En France, et c'est une des spécificités françaises, **la République et la démocratie** se construisent ensemble et par étapes, tout au long du XIXe siècle. Cette construction est la mise en œuvre dans les faits de la Déclaration des droits de l'homme et du citoyen de 1789.
>
> - **Sur le plan politique**, les principes de séparation des pouvoirs, de souveraineté de la nation et de primauté de la loi sont institués dans les différentes constitutions de la première moitié du XIXe siècle avec notamment l'élargissement du droit de vote pendant la monarchie de juillet, mais surtout avec l'instauration du suffrage masculin en 1848.
> - Au cours du siècle, différentes lois, consécutives à de longs combats, consacrent **les libertés individuelles et collectives** :
>   - loi sur le travail des enfants en 1841 ;
>   - abolition de l'esclavage dans les colonies en 1848 ;
>   - reconnaissance du droit de grève en 1864, de la liberté syndicale en 1884, de la liberté de la presse en 1881 ;
>   - lois scolaires de 1881-1882 ;
>   - réduction progressive de la durée du travail ;
>   - loi de séparation des Églises et de l'État en 1905.

1. La monarchie constitutionnelle (1815-1848)

La monarchie constitutionnelle est dite « censitaire » et comprend deux périodes :

La Restauration (1815-1830) voit les deux frères de Louis XVI-Louis XVIII (1814-1824) et Charles X (1824-1830) – se succéder sur le trône. Mais ce régime n'est pas pour autant un retour à l'Ancien Régime. En 1814, Louis XVIII octroie **une charte constitutionnelle** dans l'objectif de réconcilier adversaires et partisans de la Révolution. Charles X n'a pas la même habileté et le durcissement du régime provoque la Révolution de juillet 1830, **les « Trois Glorieuses »**, qui l'oblige à abdiquer. Cette révolution a été immortalisée par le peintre **Eugène Delacroix** dans son tableau *La Liberté guidant le peuple*, considéré comme le chef-d'œuvre de la peinture d'histoire française.

La Monarchie de juillet (1830-1848) qui s'installe, avec Louis-Philippe Ier à sa tête, est un régime plus libéral que la Restauration dans la mesure où il accorde le droit de vote à un plus grand nombre de Français et adopte le drapeau tricolore. L'enseignement primaire reçoit un commencement d'organisation avec **la loi Guizot de 1833**. La presse élargit son influence et la première agence de presse est créée par Charles-Auguste **Havas** qui ouvre à Paris, en 1832, un bureau de traductions des nouvelles en provenance de l'étranger. Mais, à partir de 1846, la situation économique se dégrade et les aspirations démocratiques progressent dans le pays. **La Révolution de 1848** met brutalement fin au régime monarchique.

DOCUMENT 1. E. DELACROIX, *LA LIBERTÉ GUIDANT LE PEUPLE*, 1831

2. La IIe République (1848-1852)

Proclamée en février 1848, la IIe République se veut une république sociale. Les mesures prises en 1848 après l'abdication du roi Louis-Philippe (instauration du suffrage universel masculin, abolition de l'esclavage dans les colonies) font considérablement progresser la citoyenneté politique et sociale.

dates-clés

1848 : suffrage universel masculin et abolition de l'esclavage
L'instauration du suffrage universel masculin et l'abolition de l'esclavage dans les colonies sont établies par la IIe République instaurée après l'abdication du roi Louis-Philippe.
Le suffrage universel masculin met fin à la distinction entre les électeurs (ceux qui ont le droit de vote) et les citoyens passifs (ceux qui ne peuvent pas participer à la vie politique en raison de la faiblesse de leurs revenus). Cette mesure qui fait passer le nombre d'électeurs de 250 000 à 9 millions fait prendre à la France une avance démocratique extraordinaire dans toute l'Europe. De même, on proclame solennellement les libertés fondamentales de la presse, de réunion et de conscience. Des arbres de la Liberté sont plantés symboliquement un peu partout sur les places, dans les marchés, dans les carrefours, à Paris comme en province, dans un réel élan de fraternité et un grand enthousiasme.
L'abolition de l'esclavage dans les colonies est liée à l'action de **Victor Schoelcher,** représentant de l'État aux Antilles qui a combattu pour l'égalité des droits. En interdisant la possession, la vente et l'achat de personnes et la participation à toute exploitation les permettant, elle met fin à trois siècles de trafic entre l'Europe, l'Afrique et l'Amérique (*cf. fiche 10*).

Document 2. L'abolition de l'esclavage (extrait)

> « Le Gouvernement provisoire considérant
> – que l'esclavage est un attentat contre la dignité humaine ;
> – qu'il est une violation flagrante du dogme républicain : "Liberté, Égalité, Fraternité" [...] décrète :
>
> **Article 1** : l'esclavage sera entièrement aboli dans toutes les colonies et possessions françaises deux mois après la proclamation du présent décret. À partir d'aujourd'hui, tout châtiment corporel, toute vente de personnes non libres sont absolument interdits.
>
> **Article 8** : même en pays étranger, il est désormais interdit à tout Français de posséder, d'acheter ou de vendre des esclaves et de participer à tout trafic ou exploitation de ce genre. Toute infraction entraînera la perte de qualité de citoyen français. »

Mais l'espoir d'une république égalitaire et fraternelle est de courte durée. **La dissolution des ateliers nationaux**, le 21 juin 1848, et le durcissement de la crise économique plongent Paris dans la guerre civile et sont à l'origine des sanglantes journées de juin 1848. Le 23 juin, après le soulèvement des ouvriers parisiens, l'Assemblée décrète l'état de siège et attribue les pleins pouvoirs au ministre de la Guerre, le général Cavaignac. Celui-ci noie la révolte dans le sang. Ces journées conduisent le régime à une évolution conservatrice et marquent la rupture entre le monde ouvrier et les élites républicaines, ainsi que la fin de la république sociale.

Info en +

Les ateliers nationaux. Ces ateliers avaient été créés pour donner du travail aux chômeurs. Ceux-ci étaient indemnisés 2 F par jour et étaient employés à des travaux de terrassement.

Le 10 décembre 1848, Louis-Napoléon Bonaparte, neveu de Napoléon Ier, devient président de la République, en se présentant comme le candidat de la République et du progrès. Après son élection, il gouverne par décrets : 27 000 opposants sont jugés par des commissions spéciales, près de 10 000 sont condamnés à la déportation en Guyane et en Algérie et 1 500 sont bannis, dont Victor Hugo et Edgar Quinet. Profitant de son triomphe au plébiscite de novembre 1851, Louis-Napoléon renverse facilement le régime lors du coup d'État du 2 décembre 1851 et proclame l'Empire l'année suivante.

3. Le Second Empire (1852-1870)

La première période du Second Empire (1852-1860) est autoritaire. Louis-Napoléon Bonaparte devenu empereur sous le nom de **Napoléon III**, soutenu par l'opinion remporte des succès extérieurs, comme lors de la construction de l'unité italienne, où son appui à cette dernière lui vaut **le rattachement de Nice et de la Savoie à la France**.

La seconde période (1860-1870) est libérale. Napoléon III doit prendre en compte l'opposition républicaine et procéder à des ouvertures sur le plan politique, notamment par un dialogue avec les élus et un dialogue social. Mais la libéralisation du régime ne suffit pas à satisfaire l'opposition républicaine qui réclame plus de libertés. L'Empire s'effondre après la défaite de Sedan contre la Prusse en 1870. La République est proclamée le 4 septembre 1870.

Info en +

La guerre franco-prussienne (1870-1871) voulue par les deux belligérants est liée à la construction de l'unité allemande et à la volonté de prestige de Napoléon III. Elle consacre la prépondérance allemande en Europe continentale.

4. La IIIe République (1870-1914)

Les débuts difficiles de la IIIe République

Le gouvernement de Défense nationale, composé de députés républicains de Paris, signe l'armistice avec la Prusse le 18 janvier 1871. Sous la pression du chancelier allemand Bismarck, qui souhaite un véritable interlocuteur lors du traité de paix, des élections ont lieu le 8 février 1871 à l'Assemblée nationale. Les monarchistes l'emportent. **Thiers**, désigné comme « chef du pouvoir exécutif de la République française », signe **le 10 mai 1871 le traité de Francfort qui cède l'Alsace et la Lorraine à l'Allemagne.**

Les Parisiens, qui ont beaucoup souffert de la guerre durant l'hiver 1870-1871, considèrent la capitulation comme une trahison et rejettent la responsabilité de la défaite sur les membres du Gouvernement provisoire et sur les chefs militaires. Le 18 mars 1871, le peuple en armes s'empare de la capitale et le gouvernement de Thiers se retire à Versailles où l'Assemblée nationale siège depuis le 10 mars. Pendant quelques semaines, l'insurrection s'organise en désignant les membres du **Conseil de la Commune** et en décrétant des mesures sociales et démocratiques. Thiers refuse d'engager des discussions avec les « communards » et coupe la ville de ses communications avec l'extérieur. Du 21 au 28 mai, lors de la semaine sanglante, les troupes de Versailles pénètrent dans Paris assiégé qui résiste farouchement jusqu'au cimetière du Père-Lachaise, où les derniers combattants sont exécutés devant **le mur des Fédérés**. La répression est impitoyable. Soulèvement patriotique portant un idéal démocratique, la Commune est aussi un combat de classe.

Après la chute de Thiers en mai 1873, une république parlementaire est instaurée en raison des divisions entre les royalistes et de leur intransigeance. **La IIIe République**, d'abord fragile, s'organise sur le plan politique avec les **lois constitutionnelles de 1875** qui fixent les nouvelles institutions politiques du pays. Les républicains conquièrent peu à peu les électeurs et en quelques années, la France s'affirme républicaine.

Document 3. Les lois constitutionnelles de 1875 fondent la République

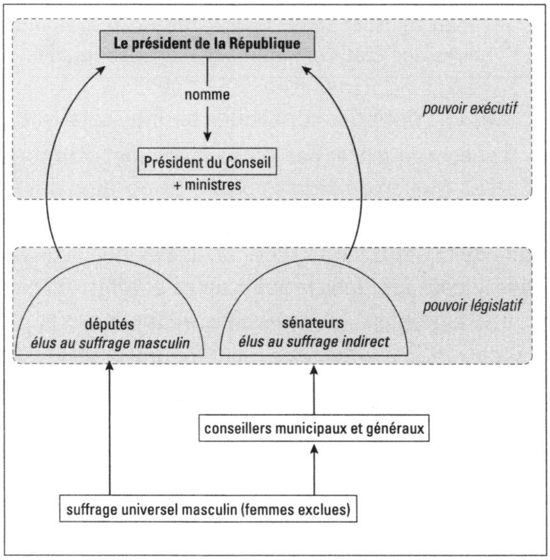

Les grandes lois républicaines

La défaite française de 1870 face à la Prusse provoque en France une grave crise de conscience qui est, en partie, à l'origine des grandes lois républicaines. **L'œuvre scolaire de**

la IIIe République demeure sa réalisation essentielle. Pour des raisons philosophiques, culturelles et religieuses, les Républicains se sont attachés à développer l'enseignement primaire et à donner à l'ensemble de l'enseignement un esprit nouveau.

Document 4. Extraits des lois sur l'école

1. Loi Ferry du 16 juin 1881

Article premier. Il ne sera pas perçu de rétribution scolaire dans les écoles publiques [...] Le prix de pension dans les écoles primaires est supprimé.

2. Loi Ferry du 28 mars 1882

Article 4. L'instruction primaire est obligatoire pour les enfants des deux sexes âgés de six ans révolus à treize ans révolus ; elle peut être donnée soit dans les établissements d'instruction primaire ou secondaire, soit dans les écoles publiques ou libres, soit dans les familles, par le père de famille lui-même ou par toute personne qu'il aura choisie.

3. Loi Goblet du 30 octobre 1886

Article 17. Dans les écoles publiques de tout ordre, l'enseignement est exclusivement confié à un personnel laïque.

dates-clés

1882 : Jules Ferry et l'école gratuite, laïque et obligatoire

Jules Ferry est surtout connu grâce aux lois qui rendent l'école gratuite et obligatoire jusqu'à 13 ans :

Les lois sur l'enseignement primaire sont préparées par la création d'une école normale d'institutrices par département en 1879, puis la création des Écoles normales supérieures de Fontenay en 1880 (pour les filles) et de Saint-Cloud en 1882 (pour les garçons).

- Loi du 16 juin 1881 : rend l'école gratuite, de manière à concurrencer l'enseignement confessionnel ; son entretien est confié à la commune.
- Loi du 28 mars 1882 : obligation scolaire pour tous les enfants de 6 à 13 ans ; le cours d'instruction morale et civique remplace l'enseignement religieux.
- Loi du 30 octobre 1886 : prolongation de l'enseignement élémentaire par des écoles primaires supérieures conduisant au brevet simple ou élémentaire après trois ans d'études et par des cours complémentaires conduisant au brevet supérieur après cinq ans.
- Loi du 19 juillet 1889 : les instituteurs sont nommés par le préfet et deviennent fonctionnaires de l'État, rémunérés par le Trésor public.

Ces lois ont pour conséquence une scolarisation complète des enfants français.

Les conséquences des lois scolaires sont essentielles : l'analphabétisme a presque disparu en 1912. Moyen de promotion à la disposition des Français, notamment de la paysannerie, l'école contribue à la mobilité sociale. Enfin, les instituteurs, qu'on va appeler les **« hussards noirs de la République »**, pénétrés des idéaux de la République et de la nation, enracinent dans le pays les idées républicaines et affermissent le patriotisme des jeunes Français.

Les Républicains estiment que le sort de la patrie doit reposer sur tous et prônent l'instauration d'un service militaire universel légal de courte durée. Les lois Cissey (1872), Freycinet (1889) et André (1905) font du **service militaire un service national**, personnel, obligatoire et égal pour tous en durée. Celui-ci devient, avec l'école, un facteur de cohésion sociale et d'intégration nationale.

Les lois sur la liberté de réunion, la liberté d'expression et la liberté de la presse (1884) la liberté d'association (1901) et **la loi sur la séparation des Églises et de l'État de 1905 qui instaure la laïcité de l'État** s'inscrivent dans une évolution commencée depuis la Révolution française et qui s'est accélérée avec la IIIe République.

dates-clés

1905 : loi de séparation des Églises et de l'État
La loi sur la séparation des Églises et de l'État qui instaure la laïcité de l'État institue :
– la liberté de religion et de culte pour les personnes et les communautés ;
– le principe de l'autonomie de l'État vis-à-vis des religions.
L'Alsace-Moselle, qui faisait partie de l'Empire allemand à cette époque, reste en dehors de ces dispositions.

Document 5. Extrait de la loi

Article premier. La République assure la liberté de conscience. Elle garantit le libre exercice des cultes [...].
Article 2. La République ne reconnaît, ne salarie ni ne subventionne aucun culte. En conséquence, à partir du 1er janvier qui suivra la promulgation de la présente loi, seront supprimées des budgets de l'État, des départements et des communes, toutes dépenses relatives à l'exercice des cultes [...].

Les crises de la République

La IIIe République doit faire face à des crises graves, mais elle en tire parti pour mieux définir les valeurs civiques et morales des droits de l'homme et de justice. À partir de 1885, une série d'intrigues, de scandales et l'instabilité ministérielle détériore la vie politique et développe un courant d'antiparlementarisme. Ces tensions sont à l'origine de la crise boulangiste.

Info en +

Nommé ministre de la Guerre par le gouvernement, le général Boulanger qui bénéficie du soutien de radicaux, d'une certaine droite nationaliste et de l'ancienne clientèle bonapartiste, est élu député de Paris en janvier 1889. La République se sent menacée par sa grande popularité et craint un coup d'État.

Cependant, à partir de 1894, c'est **« l'affaire Dreyfus »** qui mobilise l'opinion. Révélatrice d'un contexte de crise dans lequel s'exacerbent les instincts xénophobes, elle est, à ses débuts, une banale affaire d'espionnage. Elle va devenir **« L'Affaire »** et diviser les Français en opposant la gauche et la droite sur un problème fondamental : faut-il laisser condamner un innocent au nom de la raison d'État et de l'autorité des chefs militaires ? Ou bien les droits de la personne sont-ils supérieurs à toute autre considération ? Tous les partis, toutes les organisations, toutes les familles sont divisées, ce qui entraîne des polémiques, des discussions violentes, des batailles de rues.

La publication de la lettre de Zola, **« J'accuse… »,** est le point de départ de la mobilisation de ceux que l'on appelle désormais les « intellectuels », selon la fameuse formule de Clemenceau qui désigne les écrivains engagés : Charles Péguy, Marcel Proust, André Gide, Anatole France… En divisant l'opinion et en accentuant le clivage droite-gauche, l'affaire Dreyfus marque, pour longtemps, la vie politique française.

DOCUMENT 6. LA « UNE » DE L'*AURORE* DU 14 JANVIER 1898

Cinq Centimes

ERNEST VAUGHAN

L'AURORE

Littéraire, Artistique, Sociale

ERNEST VAUGHAN

J'Accuse...!

LETTRE AU PRÉSIDENT DE LA RÉPUBLIQUE

Par ÉMILE ZOLA

LETTRE À M. FÉLIX FAURE

Président de la République

Autour de 1900, le régime républicain atteint une sorte d'apogée. La **France de la Belle Époque** exporte dans le monde entier son image de nation modèle que reflètent les **Expositions universelles qui se tiennent à Paris en 1889 et 1900**. L'engagement des Français lors de la déclaration de guerre en 1914 montre que la IIIe République a su unir la nation autour de valeurs communes.

Partie 5

La France au XXe siècle et à notre époque. Les évolutions de l'État-nation

problématique

Comment la France vit-elle le premier puis le second conflit mondial ? Quels enjeux traverse-t-elle entre les deux guerres ? Comment la société française évolue-t-elle de 1945 au début du XXIe siècle ? Comment expliquer la chute de la IVe République ? Quel est l'impact de la construction de l'Europe sur la vie politique française ? Comment la Ve République résiste-t-elle à l'épreuve de la durée ?

Le XXe siècle est le siècle **des guerres**. Pendant la première moitié du siècle, deux guerres mondiales se succèdent, à vingt ans d'intervalle. Chacune de ces guerres a une réalité bien spécifique, mais elles sont toutes les deux des **guerres totales** qui imposent à tous, aux militaires et civils, de dures réalités et provoquent la mort de millions d'hommes, de femmes et d'enfants. Ce siècle fait apparaître une nouvelle notion en droit : le crime contre l'humanité. Pour ne pas oublier et essayer de tirer des leçons du passé, depuis quelques années, s'est imposé le **devoir de mémoire**.

Mais le XXe siècle a aussi des aspects moins sombres : **l'expansion technique et économique** s'accélère et débouche sur une **société de consommation** dans les années 1960. Par ailleurs, le processus de construction européenne s'amorce et entraîne la coopération des états autrefois ennemis. La France connaît **trois républiques** : la IIIe qui continue jusqu'en 1940, la IVe de 1946 à 1958, la Ve depuis 1958.

événements et dates-clés

Mots-clés	Personnages-clés	Événements et dates-clés
Guerre mondiale	Clemenceau	1916 : Verdun
Front populaire	Foch	11 novembre 1918 : Armistice qui met fin à la Première Guerre mondiale
Fascisme	Joffre	1919 : Clemenceau accueille la conférence de la Paix et participe à l'élaboration du traité de Versailles
Nazisme	Jean Jaurès	1936 : Picasso peint *Guernica*
Communisme	Léon Blum	18 juin 1940 : Appel à la Résistance du général De Gaulle
Totalitarisme	Pétain	1940-1944 : Régime de Vichy
Collaboration	De Gaulle	16 juillet 1942 : Rafle du Vel'd'Hiv
Résistance	Jean Moulin	1943 : Jean Moulin organise le Conseil national de la Résistance
Libération	Pierre Mendès France	6 juin 1944 : Débarquement allié en Normandie
Décolonisation	Jean Monnet	21 avril 1944 : Droit de vote des femmes (pour les élections d'avril 1945)
Exclusion	François Mitterrand	8 mai 1945 : Fin de la Seconde Guerre mondiale
Féminisme	Jacques Chirac	1945-1973 : Période des Trente Glorieuses
Société de consommation		1944-1946 : Gouvernement provisoire
Diversité culturelle		1946-1958 : IVe République
Mondialisation		1957 : Traité de Rome instituant la Communauté économique européenne
Développement durable		1958 : De Gaulle fonde la Ve République
Urbanisation		1962 : Élection du président de la République au suffrage universel direct (pour les élections de 1965)
Construction européenne		1968 : Contestation étudiante et crise politique
		1969 : Premier homme sur la lune
		1974 : Droit de vote à 18 ans

Partie 5

		1975 : La loi Veil légalise l'interruption volontaire de grossesse 1981 : Abolition de la peine de mort 1981-1995 : Années Mitterrand 1989 : Chute du mur de Berlin 1993 : Traité de Maastricht sur l'Union européenne 1995-2007 : Années Chirac 2000 : Mandat présidentiel ramené à 5 ans 2002 : Mise en place de l'euro 2007 : L'Union européenne compte 27 membres 2008 : Le nombre des mandats présidentiels est ramené à 2 2007-2012 : quinquennat de Nicolas Sarkozy

mot-clés

Mobiliser : mettre sur le pied de guerre les forces militaires d'un pays.

Tranchée : fossé creusé dans le sol destiné à abriter les combattants.

Armistice : arrêt des combats sans mettre fin à l'état de guerre.

L'arrière : les régions où l'on ne se bat pas, en arrière du front.

Front : zone des combats.

Propagande : les mesures prises pour répandre une opinion, une idée. La propagande de guerre consistait à répandre l'idée que tout se passait bien sur le front.

Les réparations : somme que l'Allemagne doit verser aux vainqueurs pour réparer les dommages qu'elle a causés sur leur territoire.

Génocide : le massacre d'un peuple en vue de le supprimer totalement.

Fascisme : (du latin *fascismo*, « faisceau ») : régime fondé sur la dictature d'un parti unique, l'exaltation de la nation (présentée comme supérieure), le culte du chef, l'esprit guerrier.

Ligue : organisation d'extrême droite violemment opposée à la république parlementaire (Action française, Croix-de-Feu, jeunesses patriotes...).

SFIO : Section française de l'Internationale ouvrière. C'est le nom du parti socialiste français de 1905 à 1971.

Front populaire : nom donné au rassemblement des partis et organisations de gauche en 1935, puis au gouvernement de gauche de 1936 à 1938.

Camp de concentration : un camp où sont enfermés les individus jugés dangereux par les nazis. Ils sont soumis au travail forcé, à peine nourris, maltraités et souvent tués.

Camp d'extermination : un camp de la mort les Juifs et les Tziganes sont envoyés, dès leur arrivée, dans des chambres à gaz. Ces camps sont créés à partir de 1941.

Ligne Maginot : la ligne de fortifications bâtie par la France à partir de 1930 le long de la frontière allemande.

Déporter : pendant la guerre déplacer une personne vers un camp de concentration ou d'extermination.

Capitulation : action qui consiste à se rendre à l'ennemi.

Shoah : pour parler du massacre spécifique des Juifs pendant la Seconde Guerre mondiale, on parle de génocide ou de Shoah (mot hébreu signifiant « catastrophe »).

Milice : l'organisation fondée en 1943 qui pourchasse et combat les Résistants, les Juifs, les opposants en collaboration avec le régime de Vichy et les troupes allemandes.

CECA : Communauté européenne du charbon et de l'acier créée en 1951 par six pays d'Europe de l'Ouest (France, Allemagne, Italie, Belgique, Luxembourg, Pays-Bas).

Accords de Schengen : les États signataires de ces accords permettent la liberté totale de circulation des personnes entre leurs territoires. Cette zone de libre circulation au sein de l'UE est appelée zone Schengen.

STO : Service du travail obligatoire : l'obligation pour les jeunes hommes de 21 à 23 ans d'aller travailler en Allemagne à partir de 1943.

Maquis : zone difficile d'accès (montagne, forêt) où se cachent ceux qui veulent échapper aux autorités.

Crime contre l'humanité : notion juridique définie lors du procès de Nuremberg pour juger « des actes inhumains et des persécutions commis de façon systématique ».

Décolonisation : l'indépendance rendue aux colonies.

Les Trente Glorieuses : nom donné aux trente années de prospérité qui vont de 1945 à 1973

Président du Conseil : le chef du gouvernement sous la IVe République.

Référendum : vote des citoyens qui doivent répondre par oui ou par non à une question

RMI : revenu minimum d'insertion créé en 1988 par le gouvernement de Michel Ricard. Il est remplacé depuis 2009 par le RSA (revenu de solidarité active).

Cohabitation : la présence à la tête de l'État d'un Président et d'un Premier ministre de tendances politiques opposées.

Exclusion : on parle d'exclusion quand une personne est mise à l'écart de la société (par exemple parce qu'elle n'a plus de travail ou vit dans la rue).

Féminisme : ensemble d'idées et de comportements cherchant à défendre les droits des femmes et à améliorer leur place dans la société.

Population active : ensemble des personnes en âge de travailler (personnes occupant un emploi et chômeurs).

Famille monoparentale : famille avec un seul parent.

Famille recomposée : famille formée d'enfants qui ne sont pas du même père ou de la même mère.

Extrémiste : personne qui utilise tous les moyens pour avoir un résultat.

Terrorisme : action violente contre les biens et les personnes.

Banlieue : communes situées autour d'une grande ville qui forment avec elle une agglomération.

CROM : Collectivités et régions d'outre-mer. Créées en 2003, elles ont des statuts particuliers qui tiennent compte de leurs intérêts propres.

DROM : Départements et régions d'outre-mer : Guadeloupe, Martinique, Guyane, La Réunion et Mayotte.

Développement durable : développement qui répond aux besoins des gens d'aujourd'hui et préserve les ressources de la planète pour les générations futures.

18 La France dans la Première Guerre mondiale (1914-1918)

Le conflit qui commence en 1914, que l'on appelle **la « Grande Guerre »** dès 1915 en raison de son caractère de guerre totale, est un immense affrontement qui, pendant plus de quatre ans, mobilise les hommes et les ressources des grands États européens, de leurs empires et des puissances extérieures à l'Europe comme les États-Unis. **Il apparaît aujourd'hui comme étant à l'origine de tous les conflits du XXe siècle.**

Document 1. L'Europe pendant la Première Guerre mondiale

1. Le déroulement du conflit

Après l'assassinat de l'archiduc héritier d'Autriche par un Serbe à Sarajevo, en Bosnie, le 28 juin 1914, la guerre éclate en août. Elle est liée **au mécanisme des alliances militaires** et à la montée des nationalismes, surtout dans les Balkans. Que ce soit par nationalisme ou par patriotisme, les **opinions publiques acceptent la guerre** (la France veut reprendre l'Alsace et la Lorraine perdues en 1870).

Les **principaux belligérants** sont de chaque côté :

Les Empires centraux ou puissances centrales	Les pays de l'Entente ou Alliés
Allemagne Autriche-Hongrie Empire ottoman	France Royaume-Uni Russie jusqu'à 1917 Italie à partir de 1915 États-Unis à partir de 1917

En France, toutes les forces politiques se rallient à la guerre, même les socialistes (sauf **Jean Jaurès**) qui approuvent la politique d'« **Union sacrée** » évoquée, dès le 4 août, par le président de la République, Raymond Poincaré. L'adhésion des populations à la guerre est aussi assurée par la « mobilisation des consciences » même si on sait aujourd'hui que les soldats ne partirent pas « la fleur au fusil » mais résignés et soucieux de faire leur devoir. L'État encadre la presse par la censure militaire et le « **bourrage de crâne** », et met en place une « **économie de guerre** ».

Info en +

Une propagande officielle dans la presse et à l'école diffuse des fausses nouvelles qui minimisent les horreurs de la guerre.

On distingue trois phases dans la guerre.

- La **guerre de mouvement (août-novembre 1914)** En août 1914, l'armée allemande envahit la Belgique puis la France mais en septembre, le général français Joffre parvient à arrêter l'invasion par **la bataille de la Marne**.
- **Une longue guerre de position ou de tranchées (décembre 1914-janvier 1918).** Dès octobre 1914, les deux armées se fixent sur un front qui va de la Mer du Nord à la Suisse et s'enterrent dans les tranchées. Des offensives se succèdent, sans résultat. C'est le cas des offensives allemandes à **Verdun** (1916) et sur **la Somme** qui provoquent la mort de milliers d'hommes dans les deux camps.
- **La guerre de mouvement (janvier-novembre 1918)**

En octobre 1917, la Russie qui connaît la Révolution se retire du conflit et après la signature du traité de Brest-Litovsk avec la Russie bolchevique, l'armée allemande se concentre sur le front de l'Ouest et fait reculer les armées française et britannique. Grâce aux **chars Renault** et à **l'entrée en guerre des États-Unis** (avril 1917), l'armée allemande est repoussée. Elle signe **l'armistice** (la fin des combats) **le 11 novembre 1918.**

dates-clés

11 novembre 1918 : l'armistice de la Grande Guerre
L'armistice est le résultat de l'accumulation des revers militaires des puissances centrales et de la détérioration de la situation intérieure allemande (proclamation de la République). Les plénipotentiaires, c'est-à-dire les hommes politiques chargés par leur gouvernement de faire cesser les combats, se résignent à signer l'armistice à Rethondes, en forêt de Compiègne. Les conditions de l'armistice sont les suivantes : les Alliés occupent la rive gauche du Rhin, s'emparent de tout le matériel militaire allemand et récupèrent leurs prisonniers. Toutefois, ils autorisent l'armée allemande à rentrer chez elle pour qu'elle puisse contribuer à éviter la contagion révolutionnaire (qui arrive de Russie).

Document 2. L'armistice vu par Alfred Capus, directeur politique du *Figaro*, 12 novembre 1918

« L'armistice est signé. Les canons et les cloches l'ont annoncé hier matin à toute la France. Le carnage finit par l'éclatante victoire de nos armes et par la défaite irrémédiable de ceux qui l'avaient prémédité, organisé, voulu. Les mots vengés par la victoire, voilà ce qui est digne d'être appelé la justice. »

2. La brutalisation des sociétés

Au front, les soldats se terrent dans **les tranchées** au milieu des cadavres et des rats, dans le froid et la boue. La violence des bombardements, l'utilisation des gaz contribuent à la deshumanisation de la guerre. Les Français sont surnommés les « poilus » pour exalter leur courage.

À l'arrière, le ravitaillement des soldats provoque des **pénuries**. Les femmes remplacent les hommes et travaillent dans des industries d'armement. Partout, la presse est censurée pour cacher la réalité et la dureté des combats et des pertes humaines. L'opinion publique est manipulée par le bourrage de crâne qui minimise les horreurs de la guerre.

3. Les traités de paix

La conférence de paix, qui réunit les pays vainqueurs à Paris en 1919 pour préparer les traités, dessine une nouvelle carte de l'Europe en s'inspirant des « quatorze points » du président américain Thomas W. Wilson – un des points est « le droit des peuples à disposer d'eux-mêmes ».

Le traité de Versailles, signé en 1919, répond à la volonté de la France de garantir la sécurité sur ses frontières et d'affaiblir l'Allemagne, à qui on impose les conditions de la paix – pour l'Allemagne, ce traité est un *Diktat*. L'Alsace et la Lorraine redeviennent françaises. Le traité de Saint-Germain (1919) et de Trianon (1920) consacrent le morcellement de l'Empire d'Autriche-Hongrie. Le traité de Sèvres (1920) fait disparaître l'Empire ottoman, qui est réduit à la seule Turquie et ses possessions du Proche-Orient sont administrées par les Français (Liban et Syrie) et par les Britanniques (Irak et Jordanie). Malgré la volonté des vainqueurs de tenir compte du droit des peuples à disposer d'eux-mêmes et malgré la création de la Société des Nations (SDN), des zones de tension subsistent.

Info en +

La SDN. Créée à l'initiative du président américain Wilson, cette organisation internationale, ancêtre de l'ONU, se donne comme objectif de maintenir la paix.

portrait

Georges Clemenceau (1841-1929)

Dirigeant le journal *L'Aurore* qui joue un grand rôle dans l'affaire Dreyfus (cf. fiche n° 17). Georges Clemenceau est d'abord un journaliste engagé. Plusieurs fois ministre avant la Première Guerre mondiale, il devient président du Conseil (Premier ministre) en novembre 1917, au moment où éclatent des grèves et des manifestations liées à la vie chère et aux problèmes de ravitaillement. Surnommé « Le Tigre », il rétablit l'ordre. Il impose son autorité aux chefs militaires et obtient des Alliés le commandement en chef des troupes alliées pour le général Foch.

Appelé « Père la Victoire », il joue un rôle important après l'armistice du 11 novembre 1918 dans la Conférence de la paix et participe à l'élaboration du Traité de Versailles.

4. Le deuil et la commémoration

Le nombre de morts de la Première Guerre mondiale pour la France est de 1,4 million de morts (9 millions de morts pour l'ensemble des pays belligérants) auxquels s'ajoutent 3 millions de blessés et mutilés (les « **gueules cassées** »). Fin 1918, les trois quarts de la population française sont touchés par les deuils. La mort et la séparation des couples pendant quatre ans entraînent un déficit des naissances. C'est ce qu'on appelle les **classes creuses.** Vers 1935-1940, l'arrivée de ces générations à l'âge adulte se traduit par un nouvel effondrement de la natalité.

Pour tous les Français, la Première Guerre mondiale a constitué une expérience traumatisante, au point qu'ils ne veulent pas que l'événement s'efface des mémoires. L'essentiel des formes de **commémorations** se met en place juste après la guerre, depuis les monuments aux morts jusqu'aux cérémonies diverses du souvenir, que ce soit sur les anciens champs de bataille ou dans les pays et régions d'origine des combattants. Par le biais de leurs associations, les **Anciens Combattants** jouent un rôle important dans l'organisation du souvenir. À partir de 1922, **le 11 novembre** devient une fête majeure du calendrier national et Verdun un haut lieu de la commémoration nationale avec l'inauguration, en septembre 1932, de l'ossuaire de Douaumont. L'émotion suscitée par la mort du dernier poilu, Lazare Ponticelli, en 2008, montre l'importance de la mémoire de cette guerre.

19 La France pendant l'entre-deux-guerres (1919-1939)

1. Les années vingt

La France est le pays qui a le plus souffert de la guerre. De 1918 à 1926, elle connaît des difficultés. La reconstruction coûte cher et l'Allemagne paie mal les réparations. En 1926, **Raymond Poincaré**, président du Conseil, permet à l'économie de redémarrer en stabilisant le franc. Mais la crise économique, qui éclate aux États-Unis avec le krack boursier de Wall Street d'octobre 1929 atteint la France en 1931. Si la France est touchée plus tard que les autres pays européens, elle l'est plus durablement.

2. Les années trente

À partir de 1933, la **crise économique** débouche sur de violents affrontements politiques qui opposent la droite admiratrice des régimes totalitaires du reste de l'Europe et qui se fait entendre dans les Ligues comme les Croix-de-Feu, et la gauche, divisée depuis le Congrès de Tours qui, en 1920, a marqué la scission entre communistes et socialistes. **L'antiparlementarisme** qui se développe dans l'opinion à la faveur de scandales politico-financiers comme l'affaire Stavisky (1933) culmine le **6 février 1934** lorsque la manifestation des ligues se dirige vers l'Assemblée nationale et tourne à l'émeute. La mort de 15 personnes ébranle la IIIe République.

L'opinion de gauche se mobilise pour barrer la route aux ligues accusées de fascisme et, en janvier 1936, **les partis de gauche forment le Front populaire** avec un programme électoral commun dont le slogan est : « Le pain, la paix et la liberté. » Le Front populaire présidé par Léon Blum gagne les élections législatives des 26 avril et 3 mai 1936.

Les accords Matignon, signés dans la nuit du 7 au 8 juin 1936, représentent un texte majeur à plus d'un titre. Ils sont, pour la première fois dans l'histoire de France, le résultat de négociations tripartites entre l'État, le patronat et les syndicats. Les mesures principales sont les suivantes : augmentation de salaires de 12 %, signature de conventions collectives de travail dans chaque branche d'activité, réaffirmation de la liberté syndicale dans les entreprises, élection de délégués ouvriers dans les établissements de plus de 10 salariés. Ces accords sont suivis du vote des lois sociales des 11 et 12 juin 1936 : congés payés de 15 jours pour tous les salariés, semaine de travail de 40 h.

Plusieurs mesures complètent cette œuvre : création de l'office du blé qui fixe un prix minimum, contrôle de l'État sur la Banque de France, nationalisation des industries de guerre et, en 1937, des chemins de fer avec la création de la SNCF. Le gouvernement s'occupe aussi des loisirs et de la vie culturelle des Français par la création d'un sous-secrétaire d'État aux sports et aux loisirs assumé par Léo Lagrange.

Malgré les accords Matignon et l'embellie de 1936, **le Front populaire** ne parvient pas à obtenir le soutien du patronat et se disloque dès 1937. Il a néanmoins redonné sa dignité à la classe ouvrière et lui a permis d'adhérer plus largement aux valeurs de la République.

Document 1. Les Accords Matignon (juin 1936)

Les délégués de la Confédération générale de la production française et de la Confédération générale du Travail se sont réunis sous la présidence de Monsieur le président du Conseil et ont conclu l'accord ci-après [...]

Article 3. Les employeurs reconnaissent la liberté d'opinion, ainsi que les droits pour tous les travailleurs d'adhérer librement et d'appartenir à un syndicat professionnel [...] Les employeurs s'engagent à ne pas prendre en considération le fait d'appartenir ou de ne pas appartenir à un syndicat pour décider de l'embauche, de la discipline ou du licenciement.

Article 4. Les salaires seront rajustés selon une échelle décroissante commençant à 15 % pour les salaires les moins élevés pour arriver à 7 % pour les salaires les plus élevés.

Article 5. Dans chaque établissement comprenant plus de dix ouvriers [...], il sera institué deux ou plusieurs délégués ouvriers suivant l'importance de l'établissement. Ces délégués ont qualité pour présenter à la direction les réclamations [...] visant à l'application du Code du travail, des tarifs de salaires et des mesures d'hygiène et de sécurité.

20 La France pendant la Seconde Guerre mondiale (1939-1944)

1. La marche à la guerre

Arrivé au pouvoir en Allemagne en janvier 1933, le chancelier Adolf Hitler à la tête du parti national-socialiste remet en cause les clauses du traité de Versailles. Son objectif est d'effacer l'humiliation subie par l'Allemagne en 1919, ce qu'on appelle « le **Diktat de Versailles** ». De 1933 à 1939, il réalise méthodiquement ses ambitions. Il quitte la Société des Nations en 1933, rétablit le service militaire obligatoire en 1935 et remilitarise la Rhénanie en 1936. À partir de 1936 et jusqu'en 1939, la guerre d'Espagne qui oppose les républicains espagnols aux forces nationalistes dirigées par le général Franco permet à Hitler d'essayer le nouvel armement allemand qu'il livre aux forces nationalistes. Dans ***Guernica,*** l'une des œuvres les plus célèbres de **Picasso** (et du XXe siècle), le peintre montre la destruction d'un petit village basque espagnol par la légion Condor envoyée par Hitler, qui fait 1 624 victimes.

En novembre 1936, un « **axe Rome-Berlin** » (avec l'Italie de Mussolini) est proclamé, renforcé par le « pacte d'acier » en 1939. En 1938, Hitler réalise « l'Anschluss » (annexion de l'Autriche) puis s'attaque à la Tchécoslovaquie, exigeant le rattachement à l'Allemagne de la région des Sudètes (territoire tchèque où vivent trois millions d'Allemands). Pour éviter une guerre imminente, un accord est signé à **la conférence de Munich** en septembre 1938 entre Hitler, Mussolini, Daladier qui représente la France et Chamberlain qui représente le Royaume-Uni. Le territoire des Sudètes est immédiatement cédé à l'Allemagne. En quelques mois, la Tchécoslovaquie est démembrée et les troupes allemandes entrent à Prague en mars 1939. Enfin, après avoir signé, en août 1939, le pacte germano-soviétique qui lui assure la neutralité de l'URSS, **Hitler envahit la Pologne le 1er septembre, provoquant ainsi le début de la Seconde Guerre mondiale**. La France et le Royaume-Uni déclarent la guerre à l'Allemagne les 2 et 3 septembre 1939.

2. Les deux grandes phases du conflit (1940-1945)

Les principaux belligérants sont de chaque côté :

Les puissances de l'Axe	Les Alliés ou la Grande Alliance
Allemagne Italie Japon à partir de décembre 1941	France de De Gaulle Royaume-Uni URSS à partir de 1941 États-Unis à partir de 1941

La première phase du conflit est caractérisée par les victoires de l'Allemagne. Utilisant la tactique de la *Blitzgrieg (*Mot allemand qui signifie guerre-éclair : l'utilisation combinée de l'aviation et des blindés doit permettre de rompre rapidement le front ennemi), l'armée allemande écrase la Pologne en moins de quatre semaines. La France et le Royaume-Uni adoptent une stratégie défensive : leurs armées restent abritées derrière la ligne Maginot (ligne de fortifications construite par la France à partir de 1930 le long de la frontière allemande.), c'est « **la drôle de guerre** ». En avril 1940, Hitler occupe le Danemark, puis la Norvège pour assurer son approvisionnement en fer. Le 10 mai

1940, les armées allemandes envahissent successivement les Pays-Bas, la Belgique et la France et refoulent les armées franco-britanniques sur les bords de la mer du Nord. Elles progressent vers le sud de la France entraînant l'exode de millions de civils. Le 22 juin 1940, la France, à moitié envahie, signe l'armistice.

Document 1. La guerre éclair en Europe

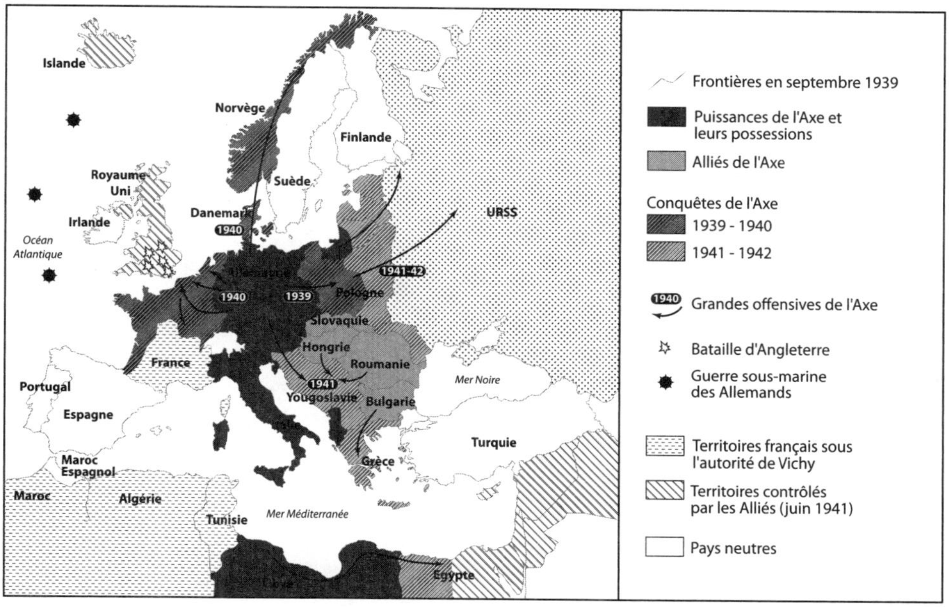

Hitler fait bombarder les villes anglaises pour obliger le Royaume-Uni à capituler. Mais celui-ci, dirigé par Churchill, résiste. **L'échec de la bataille d'Angleterre** pendant l'été 1940 conduit l'Allemagne, aidée de l'Italie (ces deux pays forment les forces de l'Axe), à étendre la guerre en Méditerranée. En juin 1941, Hitler lance trois millions d'hommes à l'assaut de l'URSS (c'est « **l'opération Barbarossa** »). L'armée allemande progresse très vite et arrive aux portes de Moscou au début de l'hiver. En 1942, l'Allemagne contrôle la totalité de l'Europe occidentale.

Le conflit devient mondial après le bombardement par le Japon de la base américaine de Pearl Harbor, le 7 décembre 1941, qui marque **l'entrée du Japon et des États-Unis dans la guerre**. À partir de cette date, ce ne sont plus seulement des armées qui s'affrontent, mais des nations entières, qui défendent deux conceptions différentes du monde. La guerre devenue totale mobilise les populations civiles, les ressources économiques, les connaissances scientifiques et s'appuie sur la propagande. Elle touche tous les secteurs de la vie quotidienne, civile ou militaire. Dans le courant de l'été 1942, la bombe atomique est mise au point aux États-Unis, l'URSS déploie un effort industriel sans précédent tandis que l'Allemagne construit le mur de l'Atlantique et invente des armes nouvelles, les bombes volantes V1 et les fusées V2.

L'année 1942 est considérée comme le tournant de la guerre. Les Américains engagent la conquête de chacune des guerres du Pacifique au prix de combats acharnés. En novembre 1942, les Alliés débarquent en Afrique du Nord au moment où les Anglais remportent la victoire de El Alamein en Égypte. L'armée allemande engagée devant **Stalingrad** est encerclée et capturée par les Soviétiques en février 1943. À partir de cette défaite, l'armée allemande recule devant l'armée soviétique.

À l'ouest, les Alliés débarquent en Sicile en 1943 puis en Normandie le 6 juin 1944 et en Provence le 15 août 1944. L'Allemagne, submergée par les Alliés à l'ouest et par les Soviétiques à l'est, **capitule sans conditions les 7 et 8 mai 1945**. En Asie, pour accélérer l'issue de la guerre, Truman, nouveau président des États-Unis (il a succédé à Roosevelt, mort en avril 1945), décide d'utiliser la bombe atomique. La première frappe Hiroshima le 6 août 1945, la seconde Nagasaki le 8 août ; elles font des milliers de victimes. Le 2 septembre 1945, la capitulation du Japon met fin à la Seconde Guerre mondiale.

Document 2. La France en 1940 après l'armistice

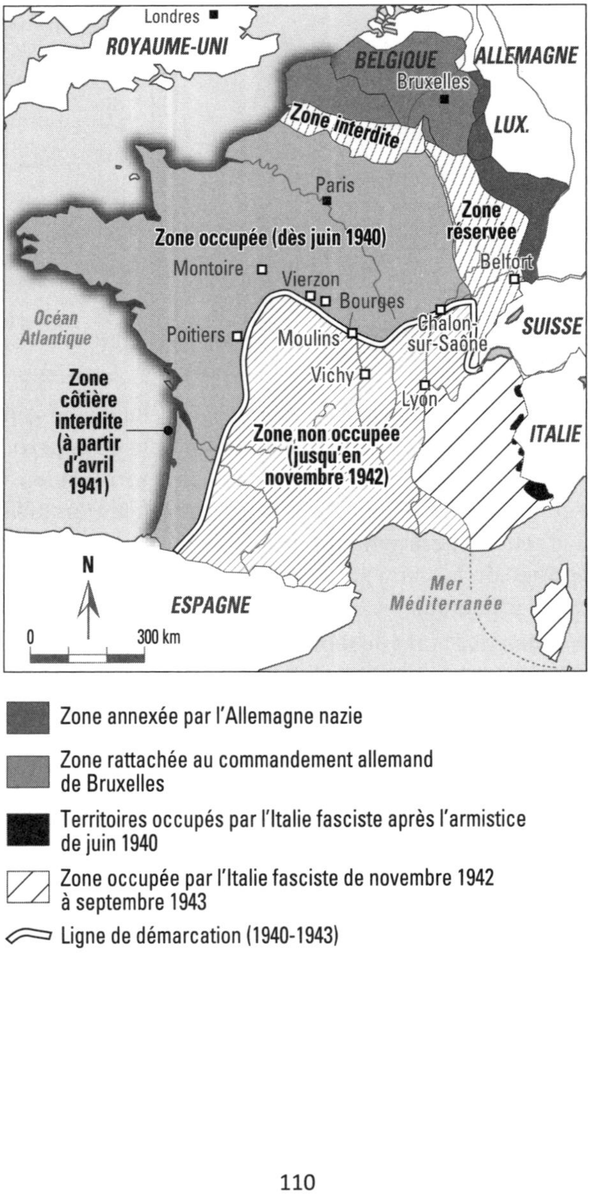

dates-clés

8 mai 1945 : fin de la Seconde Guerre mondiale en Europe
Préparée par les conférences de Téhéran (novembre 1943) et de Yalta (février 1945), et l'ouverture d'un deuxième front à l'ouest par le débarquement en Normandie le 6 juin 1944 et l'évacuation d'une grande partie de la France par les Allemands à la fin de 1944, la capitulation de l'Allemagne nazie qui intervient le 8 mai 1945 met fin à la guerre en Europe. La guerre ne se termine en Asie que le 2 septembre 1945 par l'envoi de deux bombes atomiques sur Hiroshima et Nagasaki et la capitulation du Japon.
Le 8 mai est aujourd'hui une fête du calendrier national.

3. La France (1940-1944) : collaboration et Résistance

Le régime de Vichy

Après l'invasion de la France, le 22 juin 1940, **le maréchal Pétain**, le vainqueur de Verdun en 1916, signe l'armistice imposé par l'Allemagne. La France doit verser à l'Allemagne une forte indemnité de guerre et assurer l'entretien des troupes d'occupation. La France est coupée en deux (zone occupée, zone libre). L'Alsace et la Lorraine sont rattachées à l'Allemagne, l'armée française est réduite à 100 000 hommes. Le gouvernement s'installe à Vichy dans la zone libre. De nombreux soldats français (1,4 million) restent prisonniers en Allemagne. Le 10 juillet 1940, la Chambre des députés réunie à Vichy vote les pleins pouvoirs à Pétain qui devient le « chef de l'État français ».

Le maréchal Pétain veut régénérer la France grâce à une **Révolution nationale**. Il instaure un régime autoritaire résumé dans la devise « travail, famille, patrie ». Les assemblées sont suspendues, les syndicats interdits, les fonctionnaires doivent prêter serment au maréchal Pétain. Puis, il engage **une politique de collaboration avec l'Allemagne**, à la suite de son entrevue avec Hitler à Montoire en octobre 1940. La collaboration annoncée comme une politique destinée à ménager une place avantageuse pour la France dans la nouvelle Europe consiste en réalité à mettre l'économie française au service de l'Allemagne. **Un statut des Juifs**, les excluant de la fonction publique et de nombreuses professions, est promulgué le 3 octobre 1940. La police française participe aux arrestations des Juifs et **procède à des rafles dont celle du Vel'd'Hiv'** : 13 000 personnes (hommes, femmes, enfants) sont arrêtées et parquées au vélodrome d'Hiver à Paris avant d'être conduites au camp de Drancy puis déportées à Auschwitz.

La Résistance française

Le 18 juin 1940, le **général de Gaulle** qui a quitté la France pour l'Angleterre, lance un appel à la radio de Londres, la BBC, pour que le combat continue. Il s'adresse aux chefs militaires et aux gouverneurs des colonies pour les inviter à rejeter l'armistice et à rejoindre Londres où se trouvent des troupes françaises rapatriées de Dunkerque.

Le général de Gaulle reconnaît la défaite militaire française. Cependant, pour lui, le succès allemand illustre la justesse de ses idées sur les chars et le rôle de l'offensive. Les responsables de la défaite sont « les chefs qui, depuis de nombreuses années, sont à la tête des armées françaises » – Pétain, Weygand – qui n'ont pas compris que l'art de la guerre avait changé. Il pense que la bataille de France n'est qu'un épisode dans une guerre qui, selon lui, est mondiale. De plus, pour lui, composer avec l'ennemi, c'est livrer la France à la servitude et oublier l'honneur.

Il appelle à la Résistance (c'est-à-dire à la poursuite des combats et au refus de la domination nazie). Dans son acception précise, le terme de « Résistance » est entré dans l'Histoire par cet appel (« La flamme de la Résistance française ne s'éteindra pas »). Résister c'est, dans l'esprit du général de Gaulle, refuser de déposer les armes et de signer l'armistice. Il s'agit d'une **Résistance militaire**.

Sur le moment, la portée du texte est presque nulle, car le général de Gaulle n'a aucune audience internationale. Toutefois, la Résistance, d'abord embryonnaire et spontanée, s'organise hors de France et en France. Le général de Gaulle, reconnu par les Anglais comme « chef de tous les Français libres », crée les Forces françaises libres (FFL) qui deviennent en 1941 une force autonome, « **la France libre** » rassemblant 35 000 hommes venus essentiellement des colonies.

Document 3. Appel du 18 juin (extraits) et portrait de De Gaulle

« Les chefs qui, depuis de nombreuses années, sont à la tête des armées françaises, ont formé un gouvernement. Ce gouvernement, alléguant la défaite de nos armées, s'est mis en rapport avec l'ennemi pour cesser le combat.

[...] Certes, nous avons été, nous sommes, submergés par la force mécanique, terrestre et aérienne, de l'ennemi. Infiniment plus que leur nombre, ce sont les chars, les avions, la tactique des Allemands qui nous font reculer. Ce sont les chars, les avions, la tactique des Allemands qui ont surpris nos chefs au point de les amener là où ils en sont aujourd'hui.

Mais le dernier mot est-il dit ? L'espérance doit-elle disparaître ? La défaite est-elle définitive ? Non !

Croyez-moi, moi qui vous parle en connaissance de cause et vous dis que rien n'est perdu pour la France. Les mêmes moyens qui nous ont vaincus peuvent faire venir un jour la victoire.

[...] Car la France n'est pas seule ! Elle n'est pas seule ! Elle n'est pas seule ! Elle a un vaste Empire derrière elle. Elle peut faire bloc avec l'Empire britannique qui tient la mer et continue la lutte. Elle peut, comme l'Angleterre, utiliser sans limites l'immense industrie des États-Unis.

Cette guerre n'est pas limitée au territoire malheureux de notre pays. Cette guerre n'est pas tranchée par la bataille de France. Cette guerre est une guerre mondiale. Toutes les fautes, tous les retards, toutes les souffrances, n'empêchent pas qu'il y a, dans l'univers, tous les moyens nécessaires pour écraser un jour nos ennemis. Foudroyés aujourd'hui par la force mécanique, nous pourrons vaincre dans l'avenir par une force mécanique supérieure. Le destin du monde est là.

[...] Moi, général de Gaulle, actuellement à Londres, j'invite les officiers et les soldats français qui se trouvent en territoire britannique ou qui viendraient à s'y trouver, avec leurs armes ou sans leurs armes, j'invite les ingénieurs et les ouvriers spécialistes des industries d'armement qui se trouvent en territoire britannique ou qui viendraient à s'y trouver, à se mettre en rapport avec moi.

Quoi qu'il arrive, la flamme de la Résistance française ne doit pas s'éteindre et ne s'éteindra pas [...]

Demain comme aujourd'hui je parlerai à la radio de Londres. »

Indépendamment de l'action du général de Gaulle, une **Résistance intérieure** se développe en France occupée et en zone libre. Les Résistants se regroupent en réseaux et, à partir de 1941, se structurent peu à peu en mouvements comme Combat ou Franc-Tireur en zone libre, Libération-Nord ou Organisation civile et militaire en zone occupée.

Les deux versants de la Résistance (Résistance militaire extérieure et Résistance civile intérieure) vont se rapprocher. En novembre 1941, de Gaulle envoie une première mission pour établir des contacts avec la Résistance intérieure. Des responsables de la Résistance intérieure comme Emmanuel d'Astier se rendent à Londres. Les mouvements de Résistance intérieure comprennent la nécessité de se ranger sous l'autorité du général de Gaulle. Pour unifier la Résistance intérieure et asseoir son autorité, le général de Gaulle envoie en France l'ancien préfet **Jean Moulin**.

portrait

Jean Moulin (1899-1943)

Préfet de Chartres en 1939 lorsque la guerre éclate, il est révoqué par le gouvernement de Vichy. Dès 1940, il se rallie au général de Gaulle et gagne Londres, siège de la Résistance française. Chargé par ce dernier d'unifier les mouvements de la Résistance intérieure, Jean Moulin obtient la création, en mai 1943, du **Conseil national de la Résistance** (CNR) qui comprend des Résistants, des syndicalistes et des hommes politiques et dont le rôle dans la préparation de l'après-guerre est déterminant. En juin 1943, à Caluire près de Lyon, lors d'une réunion du Conseil national de la Résistance, il est trahi, arrêté par la Gestapo et torturé. Il meurt le 8 juillet 1943 dans le train qui le transporte en Allemagne. Ses cendres ont été transportées au Panthéon en 1964.

À partir de 1942, avec la radicalisation de la collaboration, l'occupation de tout le territoire et l'instauration du STO (Service du travail obligatoire), les jeunes qui refusent d'aller en Allemagne rejoignent les mouvements de Résistance et gagnent les **maquis**. De nombreux maquis se constituent notamment dans les zones rurales et les montagnes où ils sont soutenus par les villageois. En 1944, la Résistance constitue une force importante et prend part à la libération du pays dans les débarquements aux côtés des Anglo-américains.

La vie des Français sous l'Occupation

Dès 1940, les problèmes posés par le ravitaillement deviennent la principale préoccupation des Français. En effet, avec l'occupation, une angoissante **pénurie** s'installe liée à la baisse de la production industrielle et agricole, à l'interruption des échanges avec l'étranger, aux frais d'occupation et au pillage allemand. Dans les territoires occupés, les Allemands pillent les ressources minières et les denrées agricoles. C'est le temps des rutabagas et des ersatz (mot allemand passé dans la langue française qui signifie « produit de substitution »). Tous les produits de première nécessité (charbon, textiles, chaussures, papier), et les produits introuvables dans le commerce sont vendus au **marché noir**. Les conséquences sociales sont sérieuses. Sous-alimentation, rigueur des hivers et rareté des médicaments expliquent la mortalité accrue, la recrudescence de la tuberculose, le déficit de croissance chez les enfants.

La Libération de la France

Après avoir débarqué le 6 juin 1944 en Normandie, les Alliés, sous la conduite du général américain Eisenhower, livrent **la bataille de Normandie** qui dure 70 jours du 8 juin au 16 septembre et qui est l'une des plus décisives de la Seconde Guerre mondiale. Le

15 août, Français et Américains débarquent en Provence et progressent dans la vallée du Rhône. Le 25 août, la 2e DB (division blindée) du général Leclerc entre dans Paris insurgée. À la fin de 1944, toute la France est libérée après la bataille des Ardennes. Le régime de Vichy n'a plus aucune légitimité.

Les enjeux de la mémoire, ce « passé qui ne passe pas » (Henry Rousso)

En 1945, la guerre a frappé plus lourdement les civils que les militaires : ce sont les six millions de victimes juives du génocide, les Tziganes et les Slaves, les victimes des bombardements aériens (135 000 morts à Dresde le 13 février 1945) et des bombes atomiques sur le Japon, les otages exécutés et les villages entiers massacrés (comme le village d'Oradour-sur-Glane). L'Europe et l'Asie, qui ont été les deux principaux théâtres des opérations militaires, sont les plus touchées humainement et matériellement. En 1945, l'Europe connaît aussi de gigantesques déplacements de populations.

En 1945, les anciens belligérants ont d'abord voulu oublier : les Allemands par culpabilité car ils ne comprenaient pas leur passé de bourreaux nazis ; les Français parce que leur passé pendant la guerre était celui d'une lutte entre collaborateurs et Résistants. De plus, le régime de Vichy a participé au génocide.

Mais, en France, à partir des années 1970 surtout, mais aussi en 1980 et 1990, « **ce passé qui ne passe pas** » est revenu dans la réflexion des historiens et des philosophes ainsi que sur la scène médiatique. Pour lutter contre l'oubli, on construit des monuments, on tourne des films et des documentaires, et les États s'impliquent par la solennité donnée aux commémorations, par la création de **journées de la mémoire** (par exemple le 27 janvier, journée de la commémoration du génocide) et dans la mise en place de **lieux de mémoire** comme le Mémorial de Caen.

DOCUMENT 4. DISCOURS DE JACQUES CHIRAC LORS DE LA COMMÉMORATION DE LA RAFLE DU VÉL'D'HIV, LE 16 JUILLET 1995

> « [...] La France, ce jour-là, accomplissait l'irréparable. Ces valeurs, celles qui fondent nos démocraties, sont, ne l'oublions pas non plus, aujourd'hui bafouées en Europe même, en Bosnie notamment, sous nos yeux, par les adeptes de la "purification ethnique". Sachons tirer les leçons de l'Histoire ! N'acceptons pas d'être les témoins passifs, ou les complices, de l'inacceptable. »

Le devoir de mémoire a pris différentes formes depuis la fin de la Seconde Guerre mondiale. Dès 1945, le tribunal international, créé à Nuremberg pour juger les crimes nazis, définit la notion de « crime contre l'humanité ». Cette notion sert, à juger de grands criminels de guerre comme Klaus Barbie, qui a torturé Jean Moulin. En 1948, devant l'ampleur des massacres perpétrés dans les camps de concentration et d'extermination, l'ONU rédige la Convention pour la prévention et la répression du crime de génocide, dans laquelle le terme « génocide » est précisé. En France, la notion de « crime contre l'humanité » a été complétée, en 1992, par celle de « complicité de crime contre l'humanité ».

Info en +

La notion de crime contre l'humanité est une nouvelle notion de droit pénal. Les statuts du tribunal international promulgués à Londres le 8 août 1945 précisent les chefs d'inculpation qui relèvent de ses compétences : crime contre la paix par voie de conspiration, crime de guerre et crime contre l'humanité. Slobodan Milosevic a été le premier chef d'État à comparaître devant un tribunal international pour crime contre l'humanité. Il était estimé responsable de la purification ethnique menée par les Serbes lors des guerres dans l'ex-Yougoslavie.

Pour désigner le génocide, on emploie, depuis quelques années, le terme de ***Shoah*** (Mot hébreu qui signifie « catastrophe »). Pour rendre hommage aux personnes qui, au péril de leur vie, ont caché et sauvé des Juifs dans l'Europe occupée, l'État d'Israël a décidé, en 1953 de leur donner le titre de « **Justes parmi les nations** ».

La Shoah apparaît aujourd'hui comme un phénomène unique, démesuré, monstrueux, qui pousse à s'interroger sur les notions de responsabilité, de culpabilité, de bien et de mal. Les historiens reconnaissent le rôle clé de l'antisémitisme d'Hitler, mais accordent aussi une large part aux circonstances. Ils se sont notamment efforcés de démontrer le caractère erroné des affirmations des révisionnistes et des négationnistes. Les controverses actuelles concernent l'attitude des Juifs, des Alliés et des hommes « ordinaires » pendant la guerre. Que savait-on ? Qui savait ?

Info en +

Les révisionnistes pensent que le nombre des victimes du génocide a été surévalué et les négationnistes nient l'existence du génocide ; les idées de ces derniers sont passibles de poursuites judiciaires.

21 Le Gouvernement provisoire de la République française (1944-1946) et la IVe République (1946-1958)

1. Un gouvernement issu de la Résistance

Après la Libération, pour reconstruire la France et garantir son indépendance nationale, le général de Gaulle forge le mythe d'une France unanimement résistante, inscrivant sa démarche dans une volonté de réconciliation nationale.

Le Gouvernement provisoire de la République française qu'il a formé à Alger, s'installe à Paris. Il regroupe les divers courants politiques de la Résistance, y compris des ministres communistes. Le GPRF restaure l'autorité de l'État en nommant des commissaires de la République (préfets), en jugeant les collaborateurs compromis avec le régime de Vichy ou avec les nazis, en réintroduisant la France dans le concert des nations.

En octobre 1945, les Français élisent une assemblée constituante qui donne la majorité aux trois partis de gouvernement, la SFIO, le parti communiste et le MRP (Mouvement républicain populaire) situé au centre. Les femmes, qui ont eu le droit de vote en avril 1944, participent pour la première fois à des élections nationales.

info en +

Le vote des femmes en octobre 1945

Liée à l'engagement des femmes dans la Résistance, l'obtention du droit de vote et d'être élue est, en France, le résultat du combat des femmes depuis plusieurs décennies – la question du vote des femmes commence à être posée au début de la IIIe République en France. Mais aucun courant politique radical ou modéré ne parvient à lever les barrières sociales et juridiques qui refusent le droit de vote aux femmes.
Le droit de vote est accordé aux femmes de plus de 21 ans par l'ordonnance d'Alger du 21 avril 1944, prise par l'Assemblée consultative formée par le général de Gaulle. Cette décision, qui rend le suffrage véritablement universel, met en place une des formes de l'égalité entre les hommes et les femmes : l'égalité politique. La France est l'un des derniers pays à adopter cette mesure.
Les femmes votent pour la première fois en avril 1945 lors des élections municipales puis, en octobre 1945, elles votent pour élire les députés à l'Assemblée constituante.

2. Des réformes considérables

La IVe République est marquée par le redressement économique de la France, sortie exsangue de la guerre. La reconstruction est mise en œuvre par **les nationalisations** des grandes banques de dépôt (Crédit lyonnais, Société générale, Banque nationale du commerce et de l'industrie, Comptoir national d'escompte de Paris), d'une partie des compagnies d'assurances, de toutes les compagnies charbonnières, de l'électricité et du gaz (Charbonnages de France, EDF, GDF), de Renault (pour fait de collaboration économique). Un Commissariat à l'énergie atomique (CEA) et un Commissariat au plan dirigé par Jean Monnet sont créés. Air France, la RATP et la marine marchande sont transformées en sociétés d'économie mixte contrôlées par l'État. **La démocratie sociale** est mise en œuvre par la création des comités d'entreprise dans les établissements de plus de 100 salariés. Ces comités d'entreprise administrent les affaires sociales et donnent leur avis sur la gestion de l'entreprise. La Sécurité sociale, alimentée par les cotisations des salariés et des employeurs, est crée en octobre 1945.

3. Une nouvelle Constitution

La Constitution qui fonde la IVe République est approuvée par référendum le 27 octobre 1946. Son préambule est important car il énonce une nouvelle génération de droits, les droits économiques et sociaux qui étaient absents de la Déclaration des droits de l'homme et du citoyen de 1789 qui énonçait des principes uniquement politiques. Les institutions de la IVe République naissent d'un accord entre les trois partis issus de la Résistance, le MRP, le PCF, et la SFIO. Elles donnent à la France un régime parlementaire très éloigné des conceptions du général de Gaulle. L'Assemblée nationale joue un rôle prépondérant. Elle est permanente, elle seule vote la loi et elle ne peut déléguer ce droit. L'Assemblée nationale investit le président du Conseil et, avec le Conseil de la République, elle élit le président de la République. Celui-ci possède un pouvoir réduit. On dit qu'il « inaugure les chrysanthèmes ». Son principal rôle consiste à désigner le président du Conseil, vrai chef du pouvoir exécutif et responsable devant l'Assemblée. Le gouvernement peut être renversé par l'Assemblée nationale (il le sera 22 fois en 12 ans).

De Gaulle qui souhaitait un pouvoir exécutif fort et indépendant de l'Assemblée, désapprouve l'orientation prise par la Constitution et démissionne en janvier 1946. C'est au moment où une nouvelle Assemblée constituante commence ses travaux que le général de Gaulle décide de prononcer le discours de Bayeux. Il choisit un lieu hautement symbolique : la ville de Bayeux qui a été la première ville française à être libérée en 1944. On y célèbre justement, le 16 juin, le deuxième anniversaire de sa libération et le général de Gaulle est invité à présider les fêtes commémoratives de cet événement. Il s'explique lui-même sur le choix de Bayeux : « Parce que c'est ici que, sur le sol des ancêtres, naquit l'État, l'État légitime, qui imposait l'intérêt et le salut de la nation, parce que dans cette Normandie généreuse et mutilée, Bayeux et ses environs ont été les témoins d'un des plus grands événements de l'Histoire ». Dans ce discours, le général de Gaulle jette les bases de la Ve République. Il expose sa conception du pouvoir, c'est-à-dire les grands traits de ce que devrait être, selon lui, la Constitution de la France.

Document 1. Le discours de Bayeux (extrait)

« Du Parlement composé de deux Chambres et exerçant le pouvoir législatif, il va de soi que le pouvoir exécutif ne saurait découler sous peine d'aboutir à une confusion des pouvoirs [...]

C'est donc du chef de l'État, élu par un collège (un ensemble d'électeurs) qui englobe le Parlement mais beaucoup plus large [...] que doit procéder le pouvoir exécutif.

Au chef de l'État, la mission de nommer les ministres et, d'abord le Premier ministre, qui devra diriger la politique et le travail du gouvernement. Au chef de l'État, la fonction de promulguer les lois et de prendre des décrets. À lui, la tâche de présider le Conseil du gouvernement. À lui l'attribution de servir d'arbitre soit normalement par le Conseil, soit, dans les moments de grave confusion, en invitant le pays à faire connaître par des élections sa décision souveraine. À lui, le devoir d'être le garant de l'indépendance nationale et des traités conclus par la France. »

Charles de Gaulle, 16 juin 1946

Document 2. Le Préambule de la Constitution de 1946

Ce préambule s'inspire de la charte du Conseil national de la Résistance (CNR) du 15 mars 1944. Le texte proclame notamment :

- *l'égalité des droits entre les deux sexes ;*
- *des droits politiques : droit d'asile politique sur le sol français pour les personnes persécutées dans leur pays ;*
- *des droits sociaux : droit au travail, droit syndical, droit de grève, interdiction des discriminations sur le lieu de travail ou dans le recrutement, participation des travailleurs à la vie et la gestion des entreprises ;*
- *des principes économiques : nationalisation des entreprises de services publics.*

« Au lendemain de la victoire remportée par les peuples libres sur les régimes qui ont tenté d'asservir et de dégrader la personne humaine, le peuple français proclame à nouveau que tout être humain, sans distinction de race, de religion ni de croyance possède des droits inaliénables et sacrés. Il réaffirme solennellement les droits et les libertés de l'homme et du citoyen consacrés par la Déclaration des droits de l'homme et du citoyen de 1789 et les principes fondamentaux reconnus par les lois de la République.

Il proclame en outre comme particulièrement nécessaires à notre temps, les principes politiques, économiques et sociaux ci-après :

La loi garantit à la femme, dans tous les domaines, des droits égaux à ceux de l'homme.

Tout être persécuté en raison de son action en faveur de la liberté a droit d'asile sur les territoires de la République. Chacun a le devoir de travailler et le droit d'obtenir un emploi. Nul ne peut être lésé, dans son travail ou son emploi, en raison de ses origines, de ses opinions ou de ses croyances. »

4. Des gouvernements très instables

Les premiers gouvernements sont soutenus par les trois partis issus de la Résistance. Mais en 1947, les communistes, hostiles à l'alliance avec les États-Unis, sont exclus du gouvernement et rentrent dans l'opposition. Dans les années qui suivent, les gouvernements doivent faire face à l'opposition du PCF mais aussi au RPF (Rassemblement pour la France), parti créé par le général de Gaulle. Une grande instabilité politique règne (certains gouvernements ne durent que trois jours), l'action de ces gouvernements est centrée essentiellement sur la modernisation de la France et la construction européenne.

5. La modernisation de la France

Une période de dynamisme général commence en 1945 où se construit la prospérité des **Trente Glorieuses**. L'effort des Français est soutenu par le **plan Marshall**, plan d'aide à l'Europe lancé par les Américains en 1947, et par l'**État** qui nationalise les grandes entreprises et met en place **la planification**. L'État est, en effet, un des principaux organisateurs de l'effort de reconstruction. Il s'appuie sur les entreprises nationalisées et oriente l'économie par une planification indicative. L'accent est d'abord mis sur les industries de base et les biens d'équipement puis sur le développement des industries de transformation. L'expansion économique améliore notablement, en une douzaine d'années, le niveau de vie des Français.

6. Les débuts de la construction européenne

Après 1945, **l'histoire de La France ne peut être évoquée qu'en lien avec la construction d'un espace économique et politique plus vaste, l'Europe.**

En effet, au lendemain de la guerre, la crainte majeure de beaucoup d'Européens était de voir renaître les antagonismes violents qui avaient provoqué les deux conflits franco-allemands entraînant deux guerres mondiales dévastatrices. C'est ce raisonnement, dans le contexte de la guerre froide, qui a conduit quelques hommes politiques à imaginer une Europe où l'imbrication des industries et le rapprochement des politiques économiques française et allemande au sein d'une organisation commune rendraient la guerre impossible parce qu'absolument inutile.

La construction économique européenne débute réellement en 1951, avec la création de la CECA (Communauté européenne du charbon et de l'acier). Le projet de Communauté européenne de défense (CED), qui se proposait de créer une armée européenne, échoue en 1954. Ajournant le projet de création d'une union politique, six pays européens décident alors de construire l'Europe sur le plan économique. C'est l'objet du **traité de Rome**.

dates-clés

1957 : traité de Rome

En 1957, le traité de Rome signé entre 6 pays (France, Allemagne, Italie, Pays-bas, Belgique, Luxembourg) crée le « marché commun », avec la libre circulation des marchandises, des capitaux et des services dans la CEE (Communauté économique européenne).

Des politiques communes sont alors mises en place concernant l'agriculture avec la PAC (politique agricole commune) et l'énergie avec Euratom (Communauté européenne de l'énergie atomique) qui est destinée à promouvoir l'utilisation pacifique de l'énergie atomique.

7. Le problème colonial

En Indochine, après huit ans de guerre entre la France et les Vietnamiens, le président du Conseil, **Pierre Mendès France** signe les accords de Genève qui donnent l'indépendance aux colonies indochinoises (2 juillet 1954).

portrait

Pierre Mendès France

Pierre Mendès France est l'un des hommes qui ont le plus marqué la vie politique de la IVe République. Comme Antoine Pinay, il a joui d'une **popularité durable**. Pourtant, il n'a gouverné que 7 mois de juin 1954 à février 1955.

Pierre Mendès France appartient au parti radical et se place plutôt à gauche sur l'échiquier politique. Il devient président du Conseil en juin 1954 en pleine crise indochinoise. Lors de son discours d'investiture, il explique dans un langage clair, avec des expressions simples quelle politique il va conduire sur le plan colonial et sur le plan économique. Il se fixe notamment un délai très bref (4 semaines) pour mettre fin à la guerre d'Indochine et se propose d'accorder l'indépendance à la Tunisie et au Maroc. Son attitude vis-à-vis du Parlement est ferme et assez tranchée : « Je n'admettrai de votre part ni exigences, ni veto ». Il entend exercer pleinement ses fonctions et, notamment, avoir la liberté de choisir ses collaborateurs pour mener à bien sa politique. Durant son court mandat, PMF va gouverner autrement. Ainsi il s'adresse régulièrement aux Français à la radio à la manière de Franklin Roosevelt. Sa présidence apparaît comme une éclaircie.

En novembre 1954, en **Algérie,** le Front de libération nationale (FLN) commence la lutte armée pour l'indépendance. Le 13 mai 1958, les Européens d'Alger, qui craignent que le gouvernement négocie l'indépendance, se soulèvent avec l'aide de l'armée. La France est au bord de la guerre civile.

Trois hommes jouent un rôle essentiel dans le dénouement de la crise, le président de la République, René Coty, le secrétaire général de la SFIO (Section française de l'Internationale ouvrière) Guy Mollet qui demande à de Gaulle des garanties républicaines et le général de Gaulle qui est persuadé qu'il a une mission historique à remplir. Rappelé au pouvoir par le Président René Coty, il est investi président du Conseil par l'Assemblée nationale qui lui vote les pleins pouvoirs avec la mission de rédiger une nouvelle Constitution.

Les « Trente Glorieuses » (1945-1973) : une période de prospérité

22

1. La révolution scientifique et technologique

À partir de 1945, le monde connaît des progrès scientifiques et techniques extraordinaires qui prennent leurs racines dans les recherches faites avant et pendant la Seconde Guerre mondiale. Ces progrès forment ce qu'on appelle parfois « **la troisième révolution industrielle** » après celles des machines et de l'énergie qui ont eu lieu au XIXe siècle) et sont à l'origine de nouvelles façons de travailler dans l'agriculture, dans l'industrie et dans les services. Les progrès les plus importants sont réalisés dans quatre domaines : le nucléaire, la médecine, l'informatique, les transports.

Dans le domaine du nucléaire, toutes les découvertes découlent des inventions effectuées entre 1896 (mise en évidence de la radio-activité par Becquerel) et 1905 (théorie de la relativité restreinte d'Einstein). À partir de 1951, on produit de l'énergie à partir de la fusion de deux noyaux d'hydrogène légers à une vitesse correspondant à une température du milieu supérieure à 50 millions de degrés (d'où l'expression de « fusion thermonucléaire »). En 1980, les États-Unis expérimentent la « bombe à neutrons » qui tue les êtres vivants en épargnant les équipements.

La médecine progresse de façon considérable dans le domaine des connaissances (fonctionnement du corps humain, découverte de l'ADN), du diagnostic (radio, scanner, analyses médicales) et des traitements (antibiotiques, traitement des cancers, greffes, insémination artificielle...). La première greffe du cœur est réalisée en 1967 au Cap en Afrique du Sud par le professeur Christian Barnard et le premier cœur artificiel date de 1982. En 2000, le premier bébé français conçu par fécondation in vitro (FIV) voit le jour, sélectionné après un diagnostic préimplantatoire, naissance qui marque une importante étape dans le champ de la procréation médicalement assistée. Ces progrès amènent un allongement de la durée de la vie : un an de vie en moyenne tous les quatre ans.

Le premier ordinateur est inventé en 1947 et le premier micro-ordinateur en 1974. Dans le même temps, deux personnes inventent un produit similaire qu'ils appellent « Apple ». Les progrès sont ensuite fulgurants jusqu'à une véritable intelligence artificielle qui consiste à construire des programmes d'ordinateurs tendant à imiter l'intelligence humaine. Les applications se multiplient notamment les images de synthèse. La conception assistée par ordinateur permet de dessiner un objet en trois dimensions et de l'examiner avant même d'avoir commencé à le construire. L'informatique représente un grand bouleversement technique qui provoque la mise en réseau des personnes et des activités et qui nécessite de reconsidérer la gestion du temps et de l'espace.

L'informatique révolutionne les communications et se combine avec d'autres découvertes dans les domaines de la lumière (invention de la fibre optique), de la reproduction du son, des images et des mouvements. Le couplage de la télévision et de l'informatique (télématique), les satellites et le câble font de la planète « un village global » en transmettant en direct les informations en provenance du monde entier.

Les transports de plus en plus rapides se généralisent à partir des années 1960 : voiture individuelle, trains à grande vitesse (*shinkansen* japonais 1964, TGV français 1981). Le perfectionnement des avions gros porteurs (Boeing 747, Airbus A320) raccourcit les distances et le nombre de passagers par vol augmente considérablement.

La conquête de l'espace marque la seconde moitié du XXe siècle. En 1961, l'URSS envoie dans l'espace **le premier vol spatial habité** (avec, à son bord, Youri Gagarine) et le 20 juillet 1969, l'astronaute américain Neil Armstrong est **le premier homme à marcher sur la Lune** en prononçant cette phrase devenue célèbre : « un petit pas pour l'homme, un grand pas pour l'humanité ». Un peu plus tard, il plante, en compagnie d'Edwin Aldrin, le drapeau des États-Unis. En 1981, la première navette spatiale est construite.

2. L'évolution économique et sociale

Après 1945, la France comme les autres pays industrialisés connaît **une période de croissance extraordinaire.** Le **baby boom** apporte un surcroît immédiat de demande et soutient l'esprit d'entreprise. Le progrès scientifique génère de nombreuses innovations qui donnent naissance à des activités nouvelles, comme le transport aérien des passagers, et rajeunissent d'anciennes industries, comme le textile (essor des tissus synthétiques) et la chimie (matières plastiques, colorants). La concurrence étrangère contraint les entreprises à améliorer leur compétitivité.

Un néocapitalisme se met en place, caractérisé par une large intervention de l'État et par une concentration des entreprises. L'État oriente l'économie par la planification incitative, décide de stratégies d'ensemble en soutenant l'activité et en encourageant la recherche, nationalise les secteurs de base comme l'énergie, les transports, les banques, et propose des avantages sociaux : c'est **l'État-providence**. Les entreprises se concentrent en conglomérats, en firmes multinationales (FMN) qui ignorent les frontières et font naître une nouvelle division mondiale du travail.

Le plan Marshall d'aide à la reconstruction de l'Europe, proposé par les Américains et lancé en 1947 octroie 13 milliards de dollars de dons et de crédits aux Européens de l'Ouest. La construction de l'Europe crée une nouvelle dynamique avec la création de la CECA et de la CEE entre six pays de l'Europe (1957).

L'expansion économique se manifeste par son ampleur (7 % de croissance économique annuelle) et sa durée (28 ans), et s'accompagne d'un quasi plein emploi, notamment dans le secteur tertiaire lié à l'émergence d'un nouveau groupe social : les classes moyennes.

Document 1. Les équipements des ménages

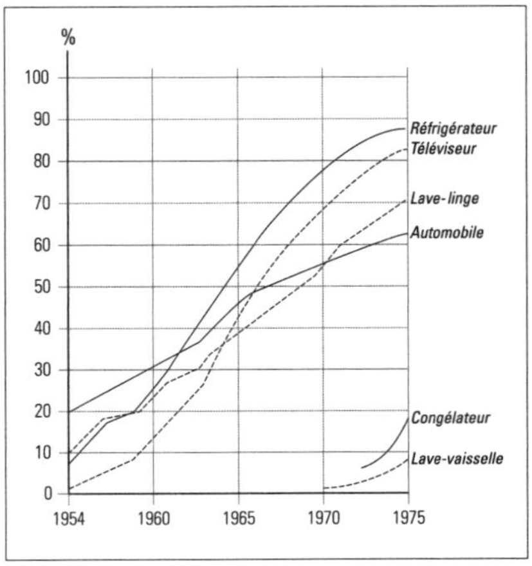

3. Une société de consommation

Une **hausse du niveau de vie** accompagne le baby boom qui s'explique par le rattrapage des naissances après la guerre, par le climat de prospérité économique des Trente Glorieuses et par les mesures prises par l'État en faveur des familles nombreuses. À partir de 1955, les ménages français sont mieux équipés (automobile, confort des logements).

L'allongement des congés payés permet aux Français de partir davantage en vacances et les résidences secondaires se multiplient. L'évolution des activités professionnelles entraîne un allongement de la durée des études : Le boom économique permet aux enfants de familles modestes de faire des études supérieures. En 1945, la France comptait moins de 100 000 étudiants ; elle en compte 800 000 en 1970.

L'épanouissement d'une culture de masse, d'une « **civilisation des loisirs** » se caractérise par la progression du cinéma, la forte diffusion du livre, l'essor de la radio et, plus tardivement, de la télévision et par une **pratique de plus en plus régulière du sport** (jogging, sports d'hiver). Parallèlement, **la pratique religieuse diminue** dans la plupart des pays industrialisés, même si **le besoin de spirituel persiste**, comme le montrent la multiplication des sectes et le succès de l'astrologie.

4. La fin des campagnes

Sous l'influence de la politique agricole commune (PAC) et de l'impact du progrès technique, **le nombre de paysans diminue**. Les jeunes se détournent de l'agriculture en raison de l'accroissement de l'offre d'emplois non agricoles, mais aussi à cause des conditions de travail perçues comme moins favorables à la campagne qu'à la ville. En outre, l'arrivée du progrès technique amène certains agriculteurs à s'endetter, ce qui provoque leur paupérisation. Enfin, l'agriculture productiviste, qualifiée de « pétrole vert français », qui modifie les procédés de travail, a recours aux engrais, aux méthodes scientifiques et à la mécanisation dans le but d'augmenter la production, fait disparaître les petites exploitations.

Entre 1945 et 1960, les campagnes les plus éloignées des villes deviennent de véritables « déserts humains ». **L'exode rural** étant important, les villes connaissent une forte croissance. De 1955 à 1970, pour faire face à la crise du logement, on construit de grands ensembles à moindre coût à la périphérie des villes.

5. Les limites de la prospérité

La croissance est inégale : elle touche des secteurs comme les biens de consommation ou les industries de pointe (satellites de télécommunication), mais pas les secteurs traditionnels comme le textile. À partir du milieu des années 1960, les entreprises, qui ont de plus en plus de problèmes à intégrer les innovations techniques tout en amortissant leur matériel, connaissent les premières difficultés. L'État privilégie celles qui soutiennent l'activité et maintiennent l'emploi, et s'engage dans des réalisations de prestige comme le Concorde.

À partir de 1967, la rapide transformation et les concentrations d'entreprises provoquent une **poussée du chômage**. On compte 400 000 chômeurs en 1967, ce qui explique la création de l'Agence nationale pour l'emploi (ANPE), chargée d'informer et de placer les demandeurs d'emploi. En 1968, le SMIG (salaire minimum interprofessionnel garanti) est relevé de 35 % par **les accords de Grenelle** à la suite des événements de mai 1968 et le temps de travail est uniformisé entre les différentes catégories professionnelles. Un processus nouveau est amorcé, l'aménagement du temps de travail, appelé « flexibilité ». Sa mise en œuvre (horaires plus souples, travail à temps partiel, travail temporaire) préserve les droits et les avantages sociaux des salariés.

23 La Ve République du général de Gaulle (1958-1969)

1. La mise en place de la Ve République

Après l'adoption de nouvelles institutions en 1958, le général de Gaulle donne à la présidence de la République une puissance nouvelle et conduit la vie politique française pendant onze ans. Durant cette période, trois Premiers ministres (Michel Debré, Maurice Couve de Murville et Georges Pompidou) seulement se succèdent, ce qui permet la continuité de l'action gouvernementale. De Gaulle achève la décolonisation française en accordant l'indépendance aux colonies d'Afrique noire et à Madagascar en 1960, à l'Algérie en 1962. Entre 1958 et 1969, il imprime sa marque à la politique étrangère de la France qu'il considère comme son « domaine réservé », conformément à la Constitution de 1958.

Document 1. Général de Gaulle

Issu d'une famille catholique de Lille, élève de Saint-Cyr, Charles de Gaulle (1890-1970) choisit la carrière des armes. Il est plusieurs fois blessé puis fait prisonnier lors de la Première Guerre mondiale. En mai 1940, il participe brillamment à la campagne de France. Il entre le 5 juin 1940 dans le gouvernement formé par Paul Raynaud qui soutient ses conceptions d'une armée blindée et motorisée. Le 17 juin 1940, il refuse l'idée d'armistice et le 18 juin lance un appel à la Résistance.

En 1944, il devient le chef du GPRF mais il démissionne en 1946 par opposition à la Constitution de la IVe République. Après avoir fondé le RPF, en 1953, il se retire de la vie politique. En 1958, il est appelé à la présidence du Conseil par le Président Coty qui estime qu'il est le seul à pouvoir résoudre la crise algérienne. De Gaulle fait rédiger la Constitution qui donne naissance à la Ve République, met fin à la guerre d'Algérie et entreprend une politique de « grandeur nationale ». Il est réélu au suffrage universel en 1965. Mais en 1968, il est pris de court par la révolte étudiante et les grèves. Se sentant désavoué à la suite de la victoire du « non » lors du référendum sur la régionalisation, il démissionne en avril 1969.

info en +

1958 : Charles de Gaulle et la fondation de la Ve République

La Constitution de 1958 s'inspire largement du discours de Bayeux prononcé par le général de Gaulle en 1946. Elle résulte d'une synthèse entre les idées de De Gaulle, qui veut un exécutif fort (prééminence du président de la République), et les souhaits de la gauche et du centre, auxquels le général a dû promettre de respecter le régime parlementaire et la séparation des pouvoirs.

Œuvre d'un groupe de juristes rassemblés autour de Michel Debré, le projet de constitution fonde un système original qui assure la prépondérance de l'exécutif tout en conservant un contrôle parlementaire. Le projet est présenté au peuple français le 4 septembre 1958 et approuvé à une écrasante majorité le 28 septembre 1958, ce qui constitue un témoignage de confiance à de Gaulle.

DOCUMENT 2. EXTRAITS DU DISCOURS PRONONCÉ PAR CHARLES DE GAULLE, PRÉSIDENT DU CONSEIL, LE 4 SEPTEMBRE 1958, PLACE DE LA RÉPUBLIQUE À PARIS

« Quand le 18 juin (1940), commença le combat pour la libération de la France, il fut aussitôt proclamé que la République à refaire serait une République nouvelle. La Résistance tout entière ne cessa de l'affirmer [...]

C'est [...] pour le peuple que nous sommes, au siècle et dans le monde où nous sommes qu'a été établi le projet de Constitution. Que le pays puisse être effectivement dirigé par ceux qu'il mandate et leur accorde la confiance qui anime la légitimité. Qu'il existe, au-dessus des luttes politiques, un arbitre national [...] chargé d'assurer le fonctionnement régulier des institutions, ayant le droit de recourir au jugement du peuple souverain, répondant, en cas d'extrême péril, de l'indépendance, de l'honneur, de l'intégrité de la France et du salut de la République. Qu'il existe un Gouvernement qui soit fait pour gouverner, à qui on en laisse le temps et la possibilité [...]. Qu'il existe un Parlement destiné à représenter la volonté politique de la Nation, à voter les lois, à contrôler l'exécutif, sans prétendre sortir de son rôle. Que Gouvernement et Parlement collaborent, mais demeurent séparés quant à leurs responsabilités [...]. Telle est la structure équilibrée que doit revêtir le pouvoir [...]. Qu'un Conseil constitutionnel, dégagé de toute attache, ait qualité pour apprécier si les lois votées sont conformes à la Constitution et si les élections diverses ont eu lieu régulièrement [...]. Voilà, Françaises, Français, de quoi s'inspire et en quoi consiste la Constitution qui sera le 28 septembre soumise à vos suffrages. »

La Constitution définit et distingue **trois pouvoirs** qui sont à la base de notre système politique. **Le pouvoir législatif** est celui de proposer, de discuter, d'amender et de voter les lois. Il incombe au Parlement (ensemble constitué de l'Assemblée nationale et du Sénat). **Le pouvoir exécutif** est celui de faire appliquer les lois : il incombe au président de la République et au gouvernement, responsable devant le Parlement. Enfin, **l'autorité judiciaire** (la Constitution ne parle pas de pouvoir judiciaire) est le pouvoir d'interpréter la loi et de sanctionner : il est du ressort des magistrats, indépendants du Parlement et du gouvernement. Chacun des pouvoirs ne peut agir à son gré sans contrôle ou contre-pouvoir : le gouvernement est responsable devant le Parlement, le président de la République est largement « accompagné » du Premier ministre. En revanche, l'Autorité judiciaire est indépendante afin d'assurer le respect des libertés essentielles, mais les juges, quoique irrévocables, sont nommés, par le Conseil supérieur de la magistrature, dont les membres sont désignés par les plus hauts personnages de l'État.

DOCUMENT 3. LA CONSTITUTION DE 1958

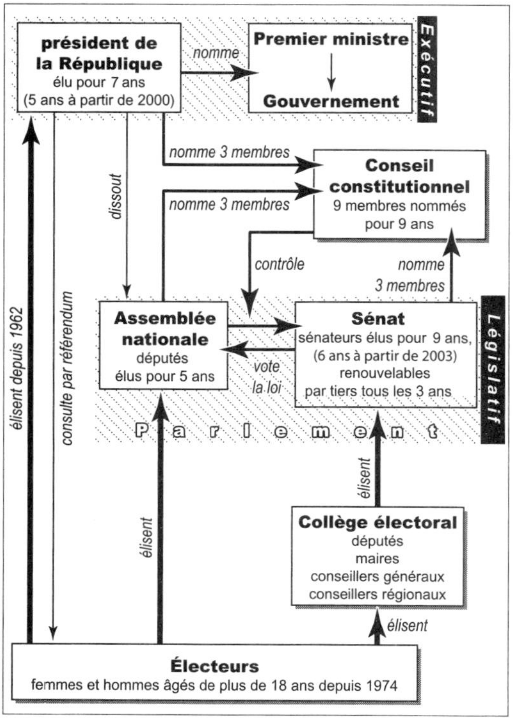

2. La politique menée par de Gaulle

L'action de De Gaulle s'organise autour de trois axes : indépendance de la France, rôle mondial du pays et exception française. Voulant bâtir « l'Europe des patries » sur l'entente franco-allemande, il signe en 1963 le traité de l'Élysée avec le chancelier allemand Adenauer. Cherchant, en pleine guerre froide, à trouver une voie entre les deux blocs, il quitte le commandement militaire intégré de l'OTAN en 1966 et se rapproche de l'URSS. Enfin, il se donne les moyens de sa politique d'indépendance en faisant exploser la première bombe atomique française le 13 février 1960, dans le Sahara, à Reggane.

Info en +

Lors d'une visite officielle à Moscou, il signe des accords de coopération avec Leonid Brejnev et se détache de la politique américaine. Le 1er septembre 1966, pendant la guerre du Vietnam, il prononce le célèbre discours de Phnom Penh dans lequel il expose ses idées sur le rôle des États-Unis dans le conflit.

Largement approuvée par les Français, la politique du général de Gaulle contribue à sa popularité. Vers 1965, il paraît à l'apogée de son pouvoir. Mais une série de crises comme celle de Mai 68 témoigne de l'usure rapide de son pouvoir dans les années qui suivent et expliquent son départ en 1969.

dates-clés

Les événements de mai 1968

Trois crises se superposent durant le mois de mai 1968 :

- **une crise étudiante :** commencée à l'université de Nanterre, la révolte étudiante gagne Paris où des affrontements violents ont lieu entre les étudiants et la police dans le quartier latin
- **une crise sociale :** à partir du 13 mai, les ouvriers et les employés se mettent en grève. Malgré la signature, par les syndicats et le patronat, des accords de Grenelle, prévoyant une hausse des salaires, le pays reste paralysé par la grève.
- **une crise politique :** le 28 mai, un dirigeant de gauche François Mitterrand réclame le départ du général de Gaulle et se propose comme candidat pour le remplacer.

À la fin du mois de mai, de Gaulle, qui avait laissé son Premier ministre, Georges Pompidou gérer la crise, reprend la situation en main. Le 30 mai, il annonce à la radio la dissolution de l'Assemblée nationale.

À la suite de cet appel, une immense manifestation rassemble ses partisans sur les Champs-Élysées. Le travail reprend peu à peu et aux élections législatives de juin, le parti gaulliste remporte une écrasante victoire. Toutefois, les gouvernements doivent tenir compte des revendications apparues durant la crise.

La Ve République à l'épreuve de la durée (1969-2007)

24

1. L'après-gaullisme (1969-1981)

Georges Pompidou (1969-1974) reste fidèle au gaullisme, notamment en ce qui concerne la politique extérieure vis-à-vis de l'OTAN, d'Israël et de l'Europe. Sa présidence est marquée par une politique d'ouverture vers la gauche politique et syndicale. Il crée le SMIC (salaire minimum interprofessionnel de croissance), développe la formation professionnelle et la régionalisation. Sa maladie l'empêche de terminer son septennat. À sa mort, en 1974, la crise économique qui commence se double d'une crise politique. Les élections présidentielles de mai 1974 opposent la majorité, représentée par Jacques Chaban-Delmas, Valéry Giscard d'Estaing, Jean Lecanuet et Jacques Chirac, et la gauche, qui se rassemble derrière un candidat unique, François Mitterrand. Un **programme commun de gouvernement** a été signé en 1972 entre le Parti socialiste, créé par **François Mitterrand**, le Parti communiste, représenté par Georges Marchais, les Radicaux de gauche de Robert Fabre et le Parti socialiste unifié (PSU), représenté par Michel Rocard.

2. Une croissance ralentie depuis 1974

En 1974, la France est atteinte par la crise économique mondiale qui provoque des inégalités sociales croissantes et des disparités internationales entre le Nord et le Sud. Cette crise est provoquée par l'augmentation du prix du pétrole à partir du **premier choc pétrolier de 1973**, aggravé par le **second choc pétrolier en 1979**, mais elle doit également beaucoup à l'insuffisance de la compétitivité des entreprises, au ralentissement démographique qui entraîne une réduction de la production dans des secteurs comme l'automobile, l'électroménager, les matériaux de construction, et à l'augmentation de la concurrence internationale.

Après 1945, le modèle de la femme au foyer qui s'occupe de ses enfants pendant que son mari, « chef de famille », exerce un métier, est mis en cause grâce **aux progrès de l'éducation et de la formation des femmes**. Elles deviennent plus libres dans leur sexualité et ont la possibilité de réduire les naissances non désirées, ce qui entraîne une baisse de la fécondité. L'accroissement de leur rôle social se manifeste par leur entrée massive sur le marché du travail à un niveau de qualification de plus en plus élevé et par leur reconnaissance dans les instances politiques. **Les structures familiales** se transforment. Le nombre des divorces augmente et de nombreux enfants sont élevés dans des familles monoparentales (familles dirigées par un seul parent) ou recomposées (familles composées d'enfants qui ne sont pas du même père et de la même mère). Pour répondre à la précarité de ces nouvelles familles, une loi votée par le Parlement en 1999 institue **le PACS** (pacte civil de solidarité), qui crée des droits et des obligations entre les partenaires.

3. « Construire une société libérale avancée »

L'arrivée de **Valéry Giscard d'Estaing** (1974-1981) à l'Élysée marque une volonté de modernisation de la société française. Il s'efforce de séduire l'opinion publique en adoptant un style plus direct et en procédant à des réformes destinées à construire une « société libérale avancée » : **réformes économiques et sociales** (garantie de ressources pour les chômeurs, généralisation de la Sécurité sociale, augmentation du SMIC, démocratisation de l'enseignement par la création du collège unique) ; **réformes politiques** (abaissement de la majorité à dix-huit ans, modification du statut de la mairie de Paris qui aura un maire ; le premier maire de Paris est Jacques Chirac) ; **réformes portant sur les mœurs et les pratiques sociales** (légalisation de l'avortement par la loi Veil, simplification de la procédure de divorce, mesures mettant davantage en œuvre l'égalité hommes-femmes).

À partir de 1974, le pouvoir politique est pris entre l'opposition de gauche, dominée par le Parti socialiste, et la concurrence des gaullistes, conduits par Jacques Chirac. La progression du chômage (400 000 demandeurs d'emplois en 1974, 2 millions en 1981) explique l'impopularité croissante du président Giscard d'Estaing et la victoire de la gauche aux élections de 1981.

portrait

Née en 1927, déportée à Auschwitz en 1944, **Simone Veil** devient magistrate et s'engage pour les droits des femmes dans les années 1960. Devenue ministre de la Santé, elle fait voter en 1975 la loi sur l'interruption volontaire de grossesse, avec l'appui du président Valéry Giscard d'Estaing et de toute la gauche.

Document 1. Extraits de la loi Veil sur l'interruption volontaire de grossesse (IVG) votée le 17 janvier 1975

La loi garantit le respect de tout être humain dès le commencement de la vie. Il ne saurait être porté atteinte à ce principe qu'en cas de nécessité et selon les conditions définies par la présente loi [...]
La femme enceinte que son état place dans une situation de détresse peut demander à un médecin l'interruption de sa grossesse. Cette interruption ne peut être pratiquée qu'avant la fin de la dixième semaine de grossesse [...]
L'interruption volontaire d'une grossesse ne peut être pratiquée que par un médecin. Elle ne peut avoir lieu que dans un établissement d'hospitalisation public ou dans un établissement d'hospitalisation privé [...]
Le médecin sollicité par une femme en vue de l'interruption de sa grossesse doit [...] informer celle-ci des risques médicaux qu'elle encourt pour elle-même et pour ses maternités futures [...]
Si la femme est mineure célibataire, le consentement de l'une des personnes qui exerce l'autorité parentale ou, le cas échéant, du représentant légal est requis [...]
Chaque centre de planification ou d'éducation familiale constitué dans les centres de protection maternelle et infantile sera doté des moyens nécessaires pour informer, conseiller et aider la femme qui demande une interruption volontaire de grossesse [...]

4. La mise en place des institutions européennes

Des institutions européennes se mettent peu à peu en place. On distingue :

- **le Conseil européen** qui réunit aujourd'hui les vingt-sept chefs d'État et gouvernement des pays de l'Union et qui détermine les grandes orientations de la politique européenne ;
- **le Conseil des ministres** qui réunit les ministres concernés (agriculture, problèmes économiques et financiers, énergie, environnement, pêche, transports, affaires sociales...), adopte les propositions de loi de la Commission européenne (discutées avec le Parlement) et arrête le budget.

– **la Commission européenne** composée de vingt-sept personnalités nommées pour cinq ans par les États membres, propose les lois, règlements et directives, conçoit et exécute les politiques communautaires. Elle veille au respect des traités et représente l'UE dans les négociations avec les pays tiers ;
– **le Parlement européen,** dont la première élection au suffrage universel a eu lieu en 1979, est composé de 785 députés élus pour cinq ans dans chaque pays membre (en France, les députés européens sont élus au scrutin de liste à la proportionnelle). Il contrôle la politique de la Commission et peut la contraindre à démissionner. Il participe à l'élaboration des lois et des directives qui sont ensuite transposées dans les législations nationales et vote le budget.

5. Les années Mitterrand (1981-1995)

Document 2 : La victoire de la gauche en 1981 vue par Plantu, *Le Monde*

Après son élection, François Mitterrand dissout l'Assemblée nationale où, à la suite des élections législatives, le Parti socialiste obtient la majorité absolue. Sous la direction de **Pierre Mauroy**, le gouvernement, qui comprend quatre ministres communistes, met en œuvre **un vaste programme de réformes** considérées comme le « socle du changement » : nationalisations d'entreprises industrielles, de compagnies financières et de trente-six banques, adoption de grandes réformes sociales (semaine de trente-neuf heures, cinquième semaine de congés payés, retraite à soixante ans), **abolition de la peine de mort**, régularisation des immigrés clandestins, adoption des lois sur la décentralisation dues à Gaston Defferre en 1982 et de mesures culturelles comme la fête de la musique. Mais, en 1984, l'échec économique conduit le gouvernement à prendre des mesures plus libérales.

Document 3. Discours d'investiture de François Mitterrand, le 22 mai 1981 (extrait)

> « **En ce jour où je prends possession de la plus haute charge**, je pense à ces millions et ces millions de femmes et d'hommes [...], qui, deux siècles durant, dans la paix et dans la guerre, par le travail et par le sang, ont façonné l'histoire de France [...]. C'est en leur nom d'abord que je parle, fidèle à l'enseignement de **Jaurès**, alors que, troisième étape d'un long cheminement, après le Front populaire et la Libération, **la majorité politique des Français, démocratiquement exprimée, vient de s'identifier à sa majorité socialiste.** [...]
> C'est convaincre qui m'importe et non vaincre. Il n'y a qu'un vainqueur le 10 mai 1981, c'est l'espoir. Puisse-t-il devenir la chose de France la mieux partagée [...]
> **Président de tous les Français, je veux les rassembler** pour les grandes causes qui nous attendent et créer en toutes circonstances les conditions d'une **véritable communauté nationale.** »

Partie 5

Document 4. Extraits du discours de Robert Badinter, garde des Sceaux à l'Assemblée nationale, le 17 septembre 1981

> « Parce qu'aucun homme n'est totalement responsable, parce qu'aucune justice ne peut être absolument infaillible, **la peine de mort est moralement inacceptable** [...]
> Le choix qui s'offre à vos consciences est donc clair : ou notre société refuse une justice qui tue et accepte d'assumer, [...] la vie de ceux qui font horreur, déments ou criminels ou les deux à la fois, et c'est le choix de l'abolition ; ou cette société croit [...] faire disparaître le crime avec le criminel, et c'est l'élimination. **Cette justice d'élimination, cette justice d'angoisse et de mort, [...] nous la refusons.** Nous la refusons parce qu'elle est pour nous l'anti-justice, parce qu'elle la passion et la peur triomphant de la raison et de l'humanité. »

Les élections législatives de 1986, qui ont lieu pour la première fois au scrutin proportionnel, amènent une majorité de députés de droite avec une composante d'extrême droite à l'Assemblée nationale. Cette victoire de la droite donne naissance à un **gouvernement de cohabitation, situation sans précédent sous la Ve République** (un président de gauche et un Premier ministre de droite, Jacques Chirac, exercent conjointement le pouvoir exécutif). À cette occasion, François Mitterrand rappelle le rôle et les attributions du président de la République et définit clairement les trois responsabilités qui sont les siennes : assurer la continuité de l'État, être le garant de l'indépendance nationale et de l'intégrité du territoire, veiller à l'application des grands principes sur lesquels se fonde la République.

info en +

La montée de l'extrême droite
De 1945 aux années 1980, l'extrême droite a été quasiment absente du paysage électoral français et, pendant dix ans (de 1970 à 1980), **le Front national** obtient moins de 1 % des suffrages aux différentes élections. Mais, à partir des années 1980, il progresse dans l'électorat national, et les élections européennes de juin 1984 confirment cette progression. Sa poussée est générale, mais le FN est alors essentiellement implanté dans le Sud, l'Est et la région parisienne, c'est-à-dire la France des grandes villes, où vivent d'importantes communautés immigrées et où la petite et moyenne délinquance progressent le plus sensiblement, ce qui conduit certains à un amalgame rapide. Ce phénomène fait peser un danger sur les institutions et les valeurs de la République.

Le second septennat de François Mitterrand, réélu en 1988, se présente sous des auspices différents du premier. Il n'est plus question de rupture avec le capitalisme comme en 1981, mais d'une gestion de l'économie de marché, teintée de préoccupations sociales. **Michel Rocard est chargé de moderniser les structures du pays et de s'atteler au problème du chômage et de la pauvreté**. Son objectif est de réinsérer les Français en voie de marginalisation dans les circuits économiques. Il fait voter le revenu minimum d'insertion (RMI) pour les plus défavorisés.

Mais le retour des problèmes économiques en 1990, suivi de celui des scandales politico-financiers, provoque l'entrée en force de la droite au pouvoir lors des élections législatives de 1993, inaugurant une deuxième cohabitation 1993-1995.

6. La poursuite de la construction européenne

Le président Mitterrand est un européen convaincu. La construction européenne progresse de façon importante notamment sous son second septennat. La signature de **l'Acte unique européen en 1986** renforce la construction européenne. L'un de ses objectifs est de créer un véritable marché unique. La **convention de Schengen** signée en 1985 par cinq pays (France, RFA, Belgique, Luxembourg et Pays-Bas) prévoit la libre circulation des personnes. Entre 1990 et 1992, l'Italie, l'Espagne et le Portugal et enfin la Grèce rejoignent les cinq premiers pays signataires. Au 1er janvier 2008, les accords de Schengen sont signés par l'ensemble des États de l'Union européenne, à l'exception de la Roumanie, de la Bulgarie, du Royaume-Uni, de l'Irlande et de Chypre. De plus, trois États extérieurs à l'UE (Norvège, Islande et Suisse) signent aussi ces accords. La convention pose le problème du libre franchissement des frontières, et elle n'est appliquée que partiellement depuis mars 1995. Elle suppose en effet une **harmonisation des politiques d'immigration** et de délivrance des visas, du droit d'asile et de lutte contre le terrorisme et le trafic de drogue. La chute du mur de Berlin en 1989 est à l'origine de l'entrée dans l'Union européenne, quelques années plus tard, des pays du bloc soviétique.

dates-clés

1989 : La chute du mur de Berlin

La chute du mur de Berlin, le 9 novembre, 1989 signifie la fin de la guerre froide en Europe. Celle-ci, qui a commencé en 1947, oppose pendant plus de 40 ans deux blocs :

– les pays de l'Europe centrale et orientale, états communistes liés à l'URSS ;
– les pays de l'Europe de l'Ouest, qui forment avec les États-Unis l'Alliance atlantique et une organisation militaire, l'OTAN, en 1949.

La guerre froide, qui sépare un continent (l'Europe), un pays (l'Allemagne) et une ville (Berlin) en deux de part et d'autre du rideau de fer, connaît des crises comme par exemple :

– le blocus de Berlin-Ouest en 1948 ;
– la construction du mur de Berlin en 1961 ;
– la guerre de Corée de 1950 à 1953 ;
– la crise des missiles à Cuba en 1962.

L'arrivée de Mikhaïl Gorbatchev au pouvoir en URSS en 1985 rend possibles les changements dans le bloc soviétique. En juin 1989, en Pologne et en Hongrie, après la tenue d'élections libres, les communistes perdent le pouvoir sans que l'URSS réagisse. En novembre 1989, les Berlinois détruisent le mur qui séparait les deux secteurs de Berlin.

L'Allemagne est ensuite réunifiée en 1990. Entre 1989 et 1990, le communisme s'effondre dans presque tous les autres pays de l'Europe de l'Est et l'URSS disparaît en 1991.

Le traité de Maastricht, signé en février 1992 et ratifié en novembre 1993, **crée l'Union européenne (UE)** et l'Union économique et monétaire (UEM). Ce traité ouvre de nouveaux espaces de coopération et d'harmonisation des législations des États membres notamment en matière de politique étrangère et de défense par la création de la politique étrangère et de sécurité commune (PESC) et sur le plan social, par une volonté d'harmonisation des droits nationaux en ce qui concerne l'emploi, la sécurité sociale, le droit au travail et à la formation.

Document 5. Les étapes de l'élargissement de l'Europe

Depuis 2007, l'Union européenne compte 27 pays mais le processus de la construction européenne n'est pas achevé.

1957 : Traité de Rome (6 pays : France, RFA, Italie, Belgique, Pays-Bas et Luxembourg qui forment le Benelux)

1973 : Entrée du Royaume-Uni, de l'Irlande et du Danemark

1981 : Entrée de la Grèce

1986 : Entrée de l'Espagne et du Portugal

1990 : Après la chute du mur de Berlin, la RDA est réunie à la RFA pour former l'Allemagne unifiée et agrandit ainsi l'espace de la CEE sans en modifier le nombre d'adhérents

1995 : Entrée de la Suède, de la Finlande et de l'Autriche

2004 : Entrée de la Lettonie, de l'Estonie, de la Lituanie, de Malte, de la Slovaquie, de la Hongrie, de la Slovénie, de la République tchèque, de la Pologne, de Chypre

2007 : Entrée de la Bulgarie et de la Roumanie. La Croatie et la Macédoine ont reçu un avis favorable à leur adhésion (la Croatie rejoindra l'UE en 2013), tandis que la Turquie est en attente.

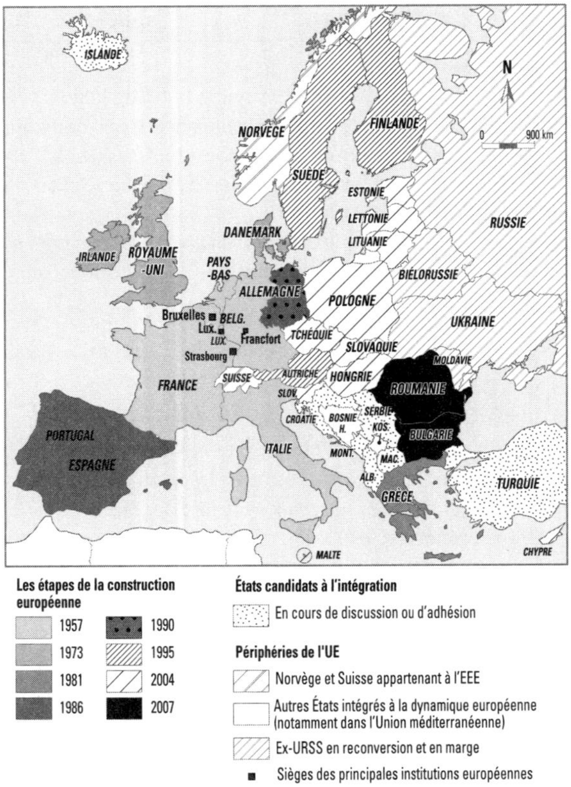

7. Les années Chirac (1995-2007)

En 1995, après les deux septennats de François Mitterrand, Jacques Chirac est élu président de la République et nomme Alain Juppé, Premier ministre. Celui-ci est rapidement confronté à de nombreuses difficultés, notamment au problème de la dette publique qui doit être réduite afin que la France puisse satisfaire aux critères établis par le traité de Maastricht. Les réformes entreprises provoquent des mécontentements dans l'opinion publique et un vaste mouvement de grèves en décembre 1995. Parallèlement, le terrorisme prend la France pour cible et le chômage continue d'augmenter.

En avril 1997, un an avant l'échéance prévue par la Constitution, **Jacques Chirac dissout l'Assemblée nationale**. La victoire de la gauche aux élections législatives l'amène à nommer un Premier ministre socialiste, **Lionel Jospin**, qui forme un gouvernement comprenant des représentants de la gauche plurielle et propose aux Français un « pacte républicain de développement et de solidarité ». Ses objectifs sont de donner la priorité à l'emploi, de favoriser la justice sociale, de modifier la loi sur la nationalité. Il annonce une politique d'immigration « ferme et digne ».

DOCUMENT 6. INTERVENTION DE LIONEL JOSPIN, PREMIER MINISTRE, À L'ASSEMBLÉE NATIONALE, LE 8 AVRIL 1998 (EXTRAITS)

« [...] Pendant la campagne électorale législative, nous avons pris, devant les Françaises et les Français, des engagements clairs, et moi en particulier :

- **Conduire une politique de régulation des flux migratoires** qui soit à la fois réaliste et humaine, qui prenne en compte les intérêts de la nation et qui respecte la dignité des personnes humaines.
- **Combattre sans défaillance l'immigration clandestine** et le travail irrégulier.
- Régulariser selon des critères précis, définis [...]
- Enfin, dire à ceux qui ne peuvent être régularisés, qu'ils doivent repartir dans leur pays ; ils ont vocation à être reconduits à leur frontière [...]

Je ne connais aucune formation politique sur ces bancs, qui ait préconisée l'entrée – sans règles – d'étrangers sur notre territoire, et qui ait voulu qu'aucun étranger en situation irrégulière ne puisse être reconduit dans son pays. [...]

Je voudrais dire, pour finir, que nous ne voulons pas, au Gouvernement, le ministre de l'Intérieur, moi-même, et l'ensemble des ministres, que l'on politise la question de l'immigration, de quelque côté que ce soit. Nous voulons au contraire qu'elle échappe aux passions françaises. La politique, qui est celle du Gouvernement, et qui est celle du ministre de l'Intérieur, est une **politique humaine et réaliste, une politique équilibrée et compréhensible par tous nos concitoyens**. Je sais que les Françaises et les Français la reconnaissent comme telle, et c'est comme telle que nous continuerons à l'appliquer. »

Les principales mesures du gouvernement Jospin concernent la réduction du temps de travail (RTT) – la RTT est mise en place par les deux lois Aubry de 1998 et de 2000 sur les trente-cinq heures –, la lutte contre les exclusions sociales – la création de la CMU (Couverture maladie universelle) en 1999 –, l'instauration du PACS (pacte civil de solidarité) en 1999 et la mise en place d'une politique de la ville pour lutter contre la marginalisation de certaines banlieues.

Les élections présidentielles de 2002, qui amènent au second tour un duel entre la droite représentée par le président sortant, Jacques Chirac, et l'extrême droite conduite par Jean-Marie Le Pen, représentent un véritable séisme politique. **La victoire de Jacques Chirac**, avec 82 % des voix au second tour, exprime un sursaut républicain, sa mission n'étant pas de mettre en place le projet de son parti, mais « d'assurer la continuité de l'État républicain ».

Document 7. Alternance et cohabitation entre 1981 et 2002

LES ALTERNANCES

	Président de la République	Premier ministre	Majorité à l'Assemblée nationale	
1974	V. Giscard d'Estaing	J. Chirac	5e législature	1974
		R. Barre		1978
			6e législature	
1981	F. Mitterrand	P. Mauroy	7e législature	1981
		L. Fabius		
		J. Chirac	8e législature	1986
1988	F. Mitterrand	M. Rocard	9e législature	1988
		É. Cresson		
		P. Bérégovoy		
		É. Balladur	10e législature	1993
1995	J. Chirac	A. Juppé		
		L. Jospin	11e législature	1997
2002		J.-P. Raffarin	12e législature	2002

J. Chirac (souligné) droite
L. Jospin gauche
----- dissolution

Ayant ramené le mandat présidentiel à cinq ans, **de 2002 à 2007**, Jacques Chirac s'appuie sur son nouveau parti, l'UMP (Union pour la majorité présidentielle) qui dispose de la majorité absolue à l'Assemblée nationale pour gouverner. Il nomme Jean-Pierre Raffarin, Premier ministre. Jean-Pierre Raffarin, qui reste en place jusqu'en 2005, dirige trois gouvernements successifs et met en œuvre des réformes (réforme des retraites, décentralisation, assurance-maladie). En 2004, il fait voter la loi encadrant, en application **du principe de laïcité**, le port de signes ou de tenues manifestant une appartenance religieuse dans les écoles, les collèges et les lycées publics. La victoire du « non » au référendum sur le traité européen en 2005 entraîne sa chute. Il est remplacé par Dominique de Villepin.

8. L'Union économique et monétaire

Elle est mise en œuvre par différents traités

Le traité d'Amsterdam, entré en vigueur au 1er mai 1999, qui crée le pacte de stabilité. Les pays de l'UE s'engagent sur un déficit inférieur à 3 % de leur PIB (produit intérieur brut) et sur une mise en conformité de leurs législations nationales avec la législation européenne. **L'adoption de l'euro** en janvier 2002 crée une incontestable Union économique et monétaire.

info en +

2002 : l'euro

L'adoption de la monnaie unique est une étape historique de la construction européenne. Pour la première fois dans l'histoire des relations internationales, des États indépendants acceptent de renoncer à l'un des éléments fondamentaux de leur souveraineté, l'émission d'une monnaie nationale :

- **la zone euro** est l'espace de la monnaie unique. Elle résulte de la création de l'Union économique et monétaire par le traité de Maastricht. Lors de la généralisation de l'euro, à partir de 2002, 3 pays de l'UE, alors à quinze, ont dit « non » à l'euro : le Royaume-Uni, le Danemark et la Suède ;
- **la monnaie unique** est un symbole d'union : les sept billets sont les mêmes dans toute la zone euro, tandis que les huit sortes de pièces de monnaie ont une face européenne et une face nationale choisie par chaque État.

Le traité constitutionnel de Lisbonne, signé par les 27 chefs d'État et de gouvernement (l'Irlande a dit « non » au traité par référendum en juin 2008), qui reprend certaines dispositions du traité de Rome (1957), de l'Acte unique (1986), des traités de Maastricht (1992), d'Amsterdam (1997) et de Nice (2001), dans un texte unique.

9. Les politiques européennes

Le rôle de l'Union est de renforcer le poids économique et politique du pôle européen dans le « système monde ». Le poids de l'UE se mesure aussi au nombre de ses habitants. L'UE à vingt-sept comptait près de 500 millions d'habitants en 2008. Les politiques européennes sont de deux types :

– **les politiques d'union** qui se traduisent par des accords visant à renforcer les liens entre les pays de l'UE dans différents domaines ;
– **les politiques communautaires** qui sont des politiques d'aide au développement. Née en 1962, **la politique agricole commune** ou Europe verte a entraîné une modernisation de l'agriculture : mécanisation, concentration des terres, remembrement (réunion des parcelles dispersées d'un même propriétaire en une étendue de terre d'un seul tenant), une meilleure formation des agriculteurs, les transformant en « agro-managers ». Elle a été réformée en 1992 et en 2007. **La politique de « cohésion régionale »**, politique d'aménagement du territoire européen, consiste à réduire les inégalités en accordant une aide communautaire aux régions européennes les plus en retard sur le plan économique.

Depuis 2007, les politiques communautaires comprennent quatre pôles : les ressources naturelles (agriculture et pêche), la croissance durable (cohésion et compétitivité), UE, acteur mondial (5 % du budget), liberté, sécurité, justice et citoyenneté (1 % du budget). Les vingt-sept États membres versent leur quote-part au budget communautaire, au prorata de leur produit national brut ; en retour, chacun perçoit des financements de l'UE, selon les conditions éligibles. Les pays qui reçoivent le plus d'aides sont les pays les plus en retard économiquement (les pays de l'Est) tandis que l'Europe occidentale plus riche perçoit moins. Les politiques communes d'aide au développement devraient permettre à terme – c'était le vœu de ses fondateurs – d'atténuer les disparités au sein de l'Europe.

10. Les élections de 2007 et le quinquennat de Nicolas Sarkozy

La plupart des analystes politiques considèrent que la campagne présidentielle de 2007 est une page nouvelle de la vie politique française. En effet, les deux concurrents ont profondément renouvelé l'offre présentée aux 44,5 millions d'électeurs. Auparavant, aucun des deux finalistes n'avait tenté sa chance dans la course à l'Élysée. Aucun d'eux n'a été Premier ministre. C'est une première dans l'histoire de l'élection du président au suffrage universel direct depuis 1965. La présence d'une femme au second tour, choisie par le Parti socialiste, est aussi un signe de modernisation de la vie politique. Ses débats de « démocratie participative », bien que critiqués, ont donné un air nouveau à la vie civique. Le thème de la « rupture » porté par Nicolas Sarkozy a permis son élection à la présidence de la République.

Élu avec 53 % des voix le 6 mai 2007, **Nicolas Sarkozy** introduit des personnalités politiques d'autres partis au sein de son gouvernement et met en œuvre de nombreuses réformes. En 2008, puis en 2011, **la crise financière** et la récession économique l'obligent à donner de nouvelles orientations à sa politique.

L'élection, en mai 2012, d'un président socialiste, François Hollande, renforcée par l'élection d'une majorité de gauche à l'Assemblée nationale (en juin 2012) amène la fin du sarkozysme et l'alternance politique pour 5 ans.

11. La société française du début du XXIe siècle

La crise économique a provoqué de profondes mutations et **accru les inégalités** dans la société française au point que l'on parle aujourd'hui **d'une société à deux vitesses**. Les problèmes de la société française sont liés à **la montée du chômage et de l'exclusion** qui fabrique les nouveaux pauvres. La réduction du temps de travail favorise les employés les plus rémunérés et rapproche les couches sociales populaires et aisées mais le chômage entretient les inégalités, le nombre des travailleurs pauvres qui exercent un travail précaire et mal rémunéré ne cesse d'augmenter. Les discriminations entre les hommes et les femmes persistent. En 2008, la France qui consacre 30 % du PIB à la protection sociale comptait plus de **3 millions de personnes vivant au-dessous du seuil de pauvreté** fixé à 538 euros par mois pour une personne seule.

Par ailleurs, les progrès scientifiques et technologiques se multiplient dans tous les domaines et exigent une adaptation constante des équipements et des structures, la nécessité de produire une législation adéquate (par exemple les lois de bioéthique ou celles réglementant l'utilisation d'Internet) et une formation des hommes et des femmes tout au long de leur vie.

Depuis 2007, **la récession** se manifeste notamment par la faillite de banques, la fermeture de nombreuses entreprises, les délocalisations, une montée importante du chômage, la réduction du nombre des fonctionnaires.

La crise sociale entraîne un déficit de la Sécurité sociale, des poussées de violence dans les banlieues et la remise en cause des valeurs traditionnelles. Le progrès médical permanent a pour double effet la baisse de la mortalité infantile et l'augmentation de l'espérance de vie qui est l'une des plus longues du monde. Selon l'INSEE, qui s'appuie sur le recensement de 1999, même si, depuis 1997, la France a amorcé un mini-baby-boom, **le vieillissement de la population** est inéluctable pour le demi-siècle à venir.

L'État prend en charge un certain nombre de mesures pour lutter contre la récession : prêts aux entreprises et aux banques, réduction des impôts pour les plus bas revenus, plans sociaux aux entreprises et mise en place **du RSA (revenu de solidarité active).** L'insécurité et la délinquance qui frappent surtout les cités entretiennent l'isolement et le repli et ruinent les efforts en faveur de la mixité sociale. **Réduire les inégalités de la société française est l'enjeu du XXIe siècle**, et notamment du gouvernement socialiste nommé en juin 2012.

Bibliographie 25

1. Sur l'histoire de France

Jean Carpentier et François Lebrun, *Histoire de France*, Points Seuil Histoire, 1987

Georges Duby, Jean Favier, Robert Folz, Jean Lacouture, Jacques Le Goff, Emmanuel Le Roy Ladurie, Jean Meyer, Régine Pernoud, René Rémond, Louis Trenard, Jean Tulard : *Histoire de la France, Encyclopédia Universalis*, 2000

Dominique Borne, *Histoires de France*, La Documentation photographique, dossier n° 8093, La Documentation française, septembre/octobre 2011

Lucien Febvre, *Combats pour l'histoire*, Armand Colin, 1953

Antoine Prost, *Douze leçons sur l'histoire*, Points Seuil Histoire, 1996

Paul Veyne, *Comment on écrit l'histoire*, Points Seuil Histoire, *1978*

2. Des Gaulois aux Gallo-romains (Ier siècle avant J.-C.-apr. Ve siècle)

Christol et Nony, *Rome et son empire*, Hachette supérieur, 1990

Jean Ollivier, *Les Gaulois et le monde celte*, Nathan, 1989

Le dossier Vercingétorix, Actes sud/Errance, 2001

La Gaule celtique et romaine, La Documentation photographique n° 6070

Pierre-Marie Duval, *La Vie quotidienne en Gaule romaine pendant la paix romaine*, Hachette, 1954

Jean-Jacques Hatt, *Histoire de la Gaule romaine*, Payot, 1970

Jacques Le Goff et René Rémond, *Histoire de la France religieuse*, tome 1 « Des origines au XIVe siècle », Seuil 1998

3. Du royaume franc au royaume de France (fin du Ve siècle-fin du XVe siècle)

Régine Le jan, *Histoire de la France : origines et premier essor*, Hachette, coll. « Carré Histoire », 1996

Jean-François Lemarignier, *La France médiévale, institutions et sociétés*, Armand Colin, coll. « U », 1970

Colette Beaune, *Jeanne d'Arc*, coll. « Tempus », Perrin 2009

Jacques Le Goff, *Saint-Louis*, Gallimard, 1996

Colette Beaune, *Naissance de la nation France*, coll. « Folio Histoire », Gallimard, 1985

Georges Duby, *Le Temps des cathédrales, l'art et la société 980-1140*, Gallimard 1976

Michel Rouche, *Clovis*, Fayard, 1996

Jean Favier, *Charlemagne*, Fayard, 1999

Albert Rigaudière, *Pouvoirs et institutions dans la France médiévale*, Armand Colin, coll. « U » Histoire, 2003

Pierre Bonassié, *Les 50 mots-clés de l'histoire médiévale*, Privat, 1998
Georges Duby, *Le Chevalier, la femme, le prêtre*, Hachette, 1999
Georges Duby, *Le Dimanche de Bouvines*, coll. « Folio Histoire », Gallimard, 1973

4. L'État royal du XVIe au XVIIIe siècle

Pierre Goubert, *L'Ancien Régime I. La société ; II. Les Pouvoirs*, Armand Colin, coll. « U », 1973
Georges Livet, *Les Guerres de Religion*, Puf, coll. « Que sais-je ? », 2002
Guy Saupin, *La France à l'époque moderne*, Armand Colin, 2000
Guy Cabourdin, Gérard Viard, *Lexique historique de la France d'Ancien Régime*, 1998
Conchon, Leferme-Faguière, *Le XVIIIe siècle*, 2007, Hachette supérieur
François Lebrun, *L'Europe et le monde XVIe-XVIIIe siècle*, Armand Colin, 2008
Joël Cornette, *Histoire de la France : absolutisme et Lumières* (1652-1783), Paris, Hachette, 2005

5. La Révolution française et le XIXe siècle, l'expansion industrielle et urbaine, la construction de la République et de la démocratie

Albert Soboul, *Histoire de la Révolution française*, trois tomes, Gallimard, 1962
Michel Vovelle, *La Révolution française (1789-1799)*, Cursus Armand Colin, 2006
La Révolution française, Les collections de l'Histoire n° 25, octobre-décembre 2004
Napoléon, l'homme qui a changé le monde, Les collections de l'Histoire n° 20, juillet-septembre 2003
Jean Tulard, *Dictionnaire Napoléon*, Paris, Fayard, 1987
Robert Dufraisse et Michel Kerautet, *La France napoléonienne, aspects extérieurs (1799-1815)*, Seuil, 1999
Étienne François, *La Révolution, la France et l'Allemagne*, Maison des Sciences de l'homme, 1989
J. R. Aymes, *La Guerre d'indépendance espagnole, les Espagnols contre Napoléon*, Nouveau Monde, Éditions-Fondation Napoléon, 2003
A. Luxando et P. Probst : *La Révolution française, l'Europe au bord du chaos*, coll. « La vie privée des hommes », 2003
Pierre Miquel et Jean Poirier : *Au temps de Napoléon*, coll. « La vie privée des hommes », 2003
La Révolution française, coll. « Les essentiels », Milan junior, 2003
Napoléon, coll. « Le journal de l'histoire », mars 2009
La Révolution et l'Empire 1789-1815, Découvertes Gallimard
Patrick Verley, *La Révolution industrielle*, Poche Gallimard, 1997
Jean-Pierre Rioux, *La Révolution industrielle*, Points Seuil, 1989
Jean-Luc Pinol, *Le monde des villes au XIXe siècle*, Carré Hachette, 1991
Napoléon III, Textes et documents pour la classe n° 858, juin 2008
Nicolas Rousselier, *La République sous la IIIe*, documentation photographique n° 7003, février 1991
Jean-Pierre Rioux, *Dictionnaire de la France coloniale*, Flammarion, 2007

Jean-Marie Mayeur, *La vie politique en France sous la IIIe République, 1870-1940,* Points Seuil Histoire 1984

Maurice Agulhon, *La République, 1880-1932,* Histoire de France, Hachette, 1990

6. La France au XXe siècle et à notre époque : les évolutions de l'État-nation

Jacques Droz, *Les Causes de la Première Guerre mondiale*, Points Seuil Histoire 1973

L'Europe et la guerre à la veille de 1914, Documentation photographique, n° 6053

Serge Berstein et Pierre Milza, *Histoire du XXe siècle*, Hatier 1996

Paroles de Poilus, Flammarion, Librio, 1998

Maurice Agulhon, *La République, 1932 à nos jours,* Histoire de France, Hachette, 1990

Jean-Piere Azéma et François Bédarida, *La France des années noires*, Seuil, 1993

Éric Conan et Henry Rousso, *Vichy, Un passé qui ne passe pas*, Gallimard 1996

Auschwitz, la solution finale, Les collections de l'Histoire n° 3, octobre 1998

La Résistance, ces Français du refus, Textes et documents pour la classe n° 852, mars 2003

Bernard Droz, *Les Décolonisations*, Seuil, coll. « Mémo », 1996

Jean-Claude Zarka, *Le Président sous la Ve République*, Ellipses, 1994

Benjamin Stora, *Histoire de la guerre d'Algérie*, Repères, La Découverte 2004

Benjamin Stora, *La guerre d'Algérie expliquée à tous*, Seuil, mars 2012

Les Innovations technologiques du XXe siècle, La Documentation par l'image n° 99, mai 2000

Charles de Gaulle, *Mémoires d'espoir, Le renouveau (1958-1962), L'effort (1962)* Presses Pocket, 1970

Sabine Jansen, *Les pouvoirs et le citoyen, Ire-Ve République*, La Documentation photographique n° 8017 octobre 2000

Cohabitation, la confusion des pouvoirs, Dossiers et Documents n° 308, *Le Monde*, avril 2002

Jean-Louis Hérin, *Le Sénat en devenir*, Montchrestien, Clefs/Politique, 2012

Plantu, *Le Petit Mitterrand illustré 1981-1996*, Points Seuil, 2011

Guide républicain, l'idée républicaine aujourd'hui, Scéren/Delagrave 2004

Jean Chapsal, *La Vie politique sous la Ve République*, 1958-1974 et 1974-1987, Puf, 1987

Françoise Martinetti, *Les Droits des femmes*, coll. « Questions ouvertes », CNDP/Scéren, 2007

Françoise Martinetti, *Les Droits de l'enfant*, coll. « Questions ouvertes », CNDP/Scéren, 2009

Régis Debray, *La République expliquée à ma fille*, Points Seuil, 1998

Tahar Ben Jelloun, *Le racisme expliqué à ma fille*, Points Seuil, 2004

L'Assemblée nationale-travailler autrement TDC n° 720, Scéren-CNDP, 15 septembre 1996

Il était une fois la France, Chronique d'une société en mutation 1950-2000 Librio, 2004

Françoise Martinetti, *La Constitution de la Ve République*, Librio, 2003

Index des notions

Table des matières

CPi
AUBIN IMPRIMEUR

Achevé d'imprimer en septembre 2012
N° d'impression 1208.0318
Dépôt légal septembre 2012
Imprimé en France